中华文化风采录

绝美自然风景
秀美的三山

刘晓丽 编著

北方妇女儿童出版社
·长春·

版权所有　侵权必究

图书在版编目(CIP)数据

秀美的三山 / 刘晓丽编著． —长春：北方妇女儿童出版社，2017.1（2022.8重印）
（绝美自然风景）
ISBN 978-7-5585-0833-2

Ⅰ．①秀… Ⅱ．①刘… Ⅲ．①山－介绍－中国 Ⅳ．①K928.3

中国版本图书馆CIP数据核字(2017)第009944号

秀美的三山
XIUMEI DE SANSHAN

出 版 人	师晓晖
责任编辑	吴　桐
开　　本	700mm×1000mm　1/16
印　　张	6
字　　数	85千字
版　　次	2017年1月第1版
印　　次	2022年8月第3次印刷
印　　刷	永清县晔盛亚胶印有限公司
出　　版	北方妇女儿童出版社
发　　行	北方妇女儿童出版社
地　　址	长春市福祉大路5788号
电　　话	总编办：0431-81629600
定　　价	36.00元

序言

习近平总书记说:"提高国家文化软实力,要努力展示中华文化独特魅力。在5000多年文明发展进程中,中华民族创造了博大精深的灿烂文化,要使中华民族最基本的文化基因与当代文化相适应、与现代社会相协调,以人们喜闻乐见、具有广泛参与性的方式推广开来,把跨越时空、超越国度、富有永恒魅力、具有当代价值的文化精神弘扬起来,把继承传统优秀文化又弘扬时代精神、立足本国又面向世界的当代中国文化创新成果传播出去。"

为此,党和政府十分重视优秀的先进的文化建设,特别是随着经济的腾飞,提出了中华文化伟大复兴的号召。当然,要实现中华文化伟大复兴,首先要站在传统文化前沿,薪火相传,一脉相承,弘扬和发展5000多年来优秀的、光明的、先进的、科学的、文明的和自豪的文化,融合古今中外一切文化精华,构建具有中国特色的现代民族文化,向世界和未来展示中华民族具有独特魅力的文化风采。

中华文化就是中华民族及其祖先所创造的、为中华民族世世代代所继承发展的、具有鲜明民族特色而内涵博大精深的优良传统文化,历史十分悠久,流传非常广泛,在世界上拥有巨大的影响力,是世界上唯一绵延不绝而从没中断的古老文化,并始终充满了生机与活力。

浩浩历史长河,熊熊文明薪火,中华文化源远流长,滚滚黄河、滔滔长江是最直接的源头,这两大文化浪涛经过千百年冲刷洗礼和不断交流、融合以及沉淀,最终形成了求同存异、兼收并蓄的辉煌灿烂的中华文明。

中华文化曾是东方文化的摇篮,也是推动整个世界始终发展的动力。早在500年前,中华文化催生了欧洲文艺复兴运动和地理大发现。在200年前,中华文化推动了欧洲启蒙运动和现代思想。中国四大发明先后传到西方,对于促进西方工业社会形成和发展曾起到了重要作用。中国文化最具博大性和包容性,所以世界各国都已经掀起中国文化热。

中华文化的力量,已经深深熔铸到我们的生命力、创造力和凝聚力中,是我们民族的基因。中华民族的精神,也已深深根植于绵延数千年的优秀文化传统之中，是我们的精神家园。但是，当我们为中华文化而自豪时，也要正视其在近代衰微的历史。相对于5000年的灿烂文化来说，这仅仅是短暂的低潮，是喷薄前的力量积聚。

中国文化博大精深，是中华各族人民5000多年来创造、传承下来的物质文明和精神文明的总和，其内容包罗万象，浩若星汉，具有很强的文化纵深感，蕴含丰富的宝藏。传承和弘扬优秀民族文化传统，保护民族文化遗产，已经受到社会各界重视。这不但对中华民族复兴大业具有深远意义，而且对人类文化多样性保护也有重要贡献。

特别是我国经过伟大的改革开放，已经开始崛起与复兴。但文化是立国之根，大国崛起最终体现在文化的繁荣发展上。特别是当今我国走大国和平崛起之路的过程，必然也是我国文化实现伟大复兴的过程。随着中国文化的软实力增强，能够有力加快我们融入世界的步伐，推动我们为人类进步做出更大贡献。

为此，在有关部门和专家指导下，我们搜集、整理了大量古今资料和最新研究成果，特别编撰了本套图书。主要包括传统建筑艺术、千秋圣殿奇观、历来古景风采、古老历史遗产、昔日瑰宝工艺、绝美自然风景、丰富民俗文化、美好生活品质、国粹书画魅力、浩瀚经典宝库等，充分显示了中华民族厚重的文化底蕴和强大的民族凝聚力，具有极强的系统性、广博性和规模性。

本套图书全景展现，包罗万象；故事讲述，语言通俗；图文并茂，形象直观；古风古雅，格调温馨，具有很强的可读性、欣赏性和知识性，能够让广大读者全面触摸和感受中国文化的内涵与魅力，增强民族自尊心和文化自豪感，并能很好地继承和弘扬中国文化，创造未来中国特色的先进民族文化，引领中华民族走向伟大复兴，在未来世界的舞台上，在中华复兴的绚丽之梦里，展现出龙飞凤舞的独特魅力。

目 录

第一奇山——安徽黄山

黄山奇景中的古老传说　002

西海群峰中的动人故事　011

云雾缭绕的北海美景　017

宋代的黄山景物和传说　028

奇秀天下——江西庐山

036　奇巧灵秀的庐山美景

044　神话传说中的庐山奇峰

052　宗教文化和诗词古韵

061　富含传奇色彩的庐山

目录

海上名山——浙江雁荡山

纪念芙蓉姑娘的雁荡山　070
神仙留恋的北部美景　076
宗教和山水交融的南雁　083

第一奇山 安徽黄山

黄山,古称"黟山",因峰岩青黑,遥望苍黛而名,位于安徽南部。黄山以其奇伟俏丽、灵秀多姿著称于世,被誉为"天下第一奇山"。

黄山共有72峰,或崔嵬雄浑,或峻峭秀丽,布局错落有致,天然巧成,并以天都峰、莲花峰、光明顶三大主峰为中心向四周铺展,跌落为深壑幽谷,隆起成峰峦峭壁,风光旖旎,美不胜收。

黄山集我国各大名山的美景于一身,尤以奇松、怪石、云海、温泉著称,有"五岳归来不看山,黄山归来不看岳"的美誉。

黄山奇景中的古老传说

黄山,古代称为"天子都",因为它雄伟秀丽,又神秘莫测,是天帝和神仙的居所。到秦代,人们根据它的颜色又称为"黟山"。

那么,后来黟山为什么又改叫黄山了呢?据说是因为黄帝曾在此炼丹而得名。

黄帝又称轩辕氏,是古时部落联盟首领。他带领人们养蚕、制造

黄山风光

舟车。时光飞逝，黄帝到了老年，还有许多事情没有完成，河流需要治理、土地需要开垦、禽兽需要驯化等。

黄帝为了长生不老，多为百姓办好事，便派浮丘公为他寻找可以修炼长生不老的仙丹的地方。

浮丘公走了3年才回来，告诉黄帝："江南有一群高山，只因山上多是黑石，叫'黟山'，那里可以炼丹。"

■ 轩辕黄帝

于是，黄帝带领浮丘公、容成子和一些臣仆来到黟山，垒石造屋，又砌炼丹炉，然后去采集炼丹所需的草药。

黟山有几十座陡峭的山峰，有的地方连猴子也难上去，可轩辕黄帝却踏遍了每一寸山崖。

到后来，所备的粮食吃完了，只能靠摘野果充饥，很多人忍受不了那份苦，偷偷跑走了，最后只剩下黄帝和浮丘公、容成子3人。

他们千辛万苦地寻找，经过9年才采集齐炼丹所需的草药，又打了一眼井，掘开清洌甘甜的山泉，这才开始炼丹。

3年过去了，原来准备好的柴快要烧完了，仙丹还没炼成，炼丹台附近的树已被砍光，浮丘公和容成子只得到远处去砍柴，黄帝一人看守炉火。

黄帝把最后一块松柴填进了炉膛，浮丘公和容成

容成子 容成公为古代传说中的仙人，黄帝之臣子，是指导黄帝学习养生术的老师之一。曾经栖自太姥山炼药，后来隐居崆峒山。传说与黄帝一同在黄山飞升成仙了。

■ 黄山风光

子还没回来,眼看火势越来越小,一旦熄灭,将前功尽弃。黄帝便把自己的一条腿伸进炉里当柴烧,终于炼成了仙丹。

　　这时浮丘公和容成子也赶了回来,把黄帝的腿从火里救了出来。3个人吃了仙丹,果然脱胎换骨,飘然成仙了。所以,人们就称它为黄山了。

　　还传说,在桃花溪中还有他们炼丹时用过的丹井和药臼呢!并且,在黄山的群峰中轩辕峰、浮丘峰和容成峰就是以他们3个的名字命名的。

　　黄山共有72峰,以天都峰、莲花峰、光明顶三大主峰为中心向三面铺展开来,黄山的前海是以三大主峰中的莲花峰和天都峰为主体组成的。

　　在天都峰和莲花峰之间是著名的玉屏峰,这里几乎集黄山奇景之大成,故有"黄山绝佳处"之称。

　　玉屏峰前有巨石如平台,左有青狮石、迎客松,右有白象石、送客松、立雪台。登台四眺,景色奇

仙丹 道教为追求长生不死和成仙所炼制的丹药。比喻起死回生的灵丹妙药。仙丹是将多种化学原料,放入丹炉等容器内,再经高温处理,最后提炼成的混合物。据称,道士用此法炼制仙药,服用后可羽化成仙。故此物名为仙丹。

绝。著名的"玉屏卧佛"就在峰顶，头左脚右，形态逼真。

玉屏卧佛是花岗岩山体经过自然风化形成的，毫无人工斧凿的痕迹。它长约数百米，鼻子高耸，眉眼清晰，甚至连头上的螺髻、颈部的喉结也都清晰可辨。

送客松畔是观赏卧佛的最佳处，只见玉屏卧佛头朝莲花峰，脚朝耕云峰，左右有象、狮二石镇守，头顶有金龟侍候，卧姿安详，形态逼真。有当地群众反映，民间早有称玉屏峰为"美人靠""睡美人"和"睡观音"等讲法。

天都峰位于玉屏峰南1000米，是黄山三大主峰中最为险峻的一座，海拔1810米。有古诗赞道：

任它五岳归来客，一见天都也叫奇。

天都峰顶有"登峰造极"石刻，使人有"海到无边天作岸，山登绝顶我为峰"之感。

黄山第一高峰莲花峰位于玉屏峰北，莲花峰海拔1864.8米，峻峭

黄山玉屏峰

莲花宝座 本是天界讲经堂外灵池中的莲花，经过天界仙水的滋润而具有了灵性。因为终日听天神讲育真经，而悟得修仙之术，最终修炼成神，化为莲花宝座。天界灵池之水是其神力的源泉，一旦离开便失去大部分力量，因此它通常不离开灵池。民间传说中莲台宝座常作为天神的座驾出现在人们面前。

高耸，气势雄伟，宛如初绽的莲花，故名莲花峰。

从莲花岭至莲花峰顶约2000米，这段路叫莲花梗，沿途有飞龙松、倒挂松等黄山名松及黄山杜鹃。

莲花峰绝顶处方圆丈余，中间有香砂井，置身峰顶，遥望四方，千峰竞秀、万壑生烟。在万里晴空时，可东望天目山，西望庐山，北望九华山。雨后，纵观八面云海，更为壮观。

关于莲花峰，还有一段神奇的传说故事：相传很久以前，观音奉天帝之命，下凡巡视。当她手持净瓶、柳枝二宝，乘着象征吉祥如意的莲花宝座，驾云来到黄山时，受到山神、水神、花神及仙猿、百鸟的热烈欢迎。

观音见山奇水秀，云霞璀璨，草木生辉，又有许多好客的朋友，便久久盘桓，不愿离去，早把那森严寂寞的"天宫"忘得一干二净。

一日，天帝派来"乌鸦使者"，催观音回宫。观音不愿遵旨，天帝即派天兵天将前来捉拿，要治她抗旨之罪。

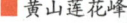
■ 黄山莲花峰

观音取出随身法宝，用柳枝蘸着净瓶里的法水，向对方挥洒。天兵天将素知法水厉害，一旦沾身，立即皮焦肉烂，因而都不敢近身。加之黄山山神、水神、花神、仙猿、百鸟等齐为观音助阵，因此，一场恶战，直打得天兵天将丢盔弃甲而逃。

天帝非常生气，于是降下御旨，将其逐出天宫，责令她永住波涛险恶的南海，所以人们便称她为"南海观世音"。但是，观音没将天帝的御旨当回事，让她住南海，她偏要住在自己心爱的黄山。

观音怕天帝再来骚扰，就索性将乘坐的莲花宝座，点化成雄奇秀丽的山峰，这便是后来的莲花峰。

鳌鱼峰在莲花峰的西南方，鳌鱼峰高约1800米，峰以形名，那巨大高昂的鳌首，大有鲸吞天地之势。

在莲花峰和鳌鱼峰中间便是百步云梯。百步云梯是在石壁上凿成的一百余级险峻陡峭的蹬道，从两石间穿过下行，十分险峻，走在上面也会让人觉得心惊，那又是谁在这前后数里、杳无人烟的悬崖上开出一条通途呢？

天兵天将 是指天界中的将领和士兵，他们的主要作用是卫护天宫，维护佛法，下界降妖除魔，通常穿着华丽的金甲，身体周围有五彩霞光缭绕，身形也非常魁梧。道教认为北斗众星中有三十六罡，对应的是三十六位神将。他们都具有降妖除魔的法力。

■ 黄山百步云梯

相传,在很早以前,山下住着一个黄善人,终年干着修桥补路、乐善好施的好事。

当时,前山和后山互不相通,就卡在莲花峰和鳌鱼峰之间的这块悬崖上,当地人称它为"断头崖"。

黄善人想在这里开一条路,但是即使出大价钱也雇不到一个帮手,只得自己干了起来。后来,他的善心被救苦救难的乞丐大仙铁拐李知道了,铁拐李有意点化黄善人,于是变成一个年轻美貌的游山女子,假装迷路来到断头崖前,求黄善人送她出山。

黄善人心想:救人一命胜造七级浮屠,开凿这条路再怎么重要,也不能眼睁睁地看一个弱女子葬身在这大山之中啊!

于是他答应护送迷路女子出山,可万万想不到那女子一会儿扭伤了脚,一会儿刺破了皮,硬要黄善人背着她下山。黄善人一句怨言也没有,就将她背下了山。

下山后,铁拐李变回了原来的模样,对黄善人

> **铁拐李** 相传姓李,名玄。曾遇太上老君得道。神游时因其自身误被徒弟火化。游魂无所依归,乃附一饿死者的尸身而起,从此蓬头垢面,袒腹跛足,胁夹铁拐,故名铁拐李。八仙中,铁拐李是年代最久,资历最深者,亦作"李铁拐"。

说："我明天要来接你上天去，与你同列仙班吧！"

可黄善人说："还不行，我要把这条路修好，才能跟你走！"

铁拐李顿时哈哈大笑，笑声未落，铁拐李就不见了踪影。

第二天，黄善人依旧来到山上开路，但奇怪的是好像没费气力似的，一连凿出好几个石级。

黄善人直起腰来，突然发现不知什么时候，一条又平又阔的石梯已经从山脚直铺到山顶了，铁拐李正笑嘻嘻地迎面走来。

黄善人忙说："仙长留步，容我刻上'百步云梯铁拐李造'的字样留个纪念，可好？"

铁拐李说："不必，不必！仙不图名！你快跟我走吧！"说着便拉住黄善人的手共同驾云而去。

后来，有个游方僧人，见百步云梯扼前后山咽喉之地，猛生恶念，谎称这是他献资营造的，要一切过往行人统统丢买路钱。

> **金甲神** 是指韦陀菩萨，又称"韦陀天"，为佛教的护法天神。相传释迦牟尼涅槃时，诸天神和众王把佛陀火化后的舍利子分了，各自回去建塔供养。韦陀也分得一颗佛牙，正准备回天堂。一个鬼偷走一对佛牙舍利，韦陀奋起直追，夺回了佛舍利。于是，韦陀被人们称为护法菩萨。

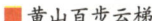
黄山百步云梯

黄山天海

于是触犯了佛门清规,玉帝差遣金甲神,一鞭就把他打成了一块石头,人们称之为"老僧入定"。

百步云梯又称"一线天",从这里通过的时候,仰头只能见一线青天,故称"一线天"。过"一线天",登数十级,回首再看,可见三座参差不齐的小石峰相拥而立。

峰巅似剑,纯石无上,峰上奇松挺拔,形态各异。每当云雾缭绕,峰尖微露,似海中岛屿,人们又喻为神话中的蓬莱仙境,故取名"蓬莱三岛"。

下鳌鱼峰便是天海,天海位于黄山前、后、东、西海之中,为黄山之中心位置。

天海为海拔约1700米的高山盆地,从光明顶回望,有一览众山小之势。当周围群峰没在云海之中时,此处却是一片晴空,每当云雾出现,云天一色,巍然壮观。这里生长160多种植物,四季都有花开,景色非常优美。

阅读链接

在百步云梯的两侧还有两块奇巧的石头,人们称之为"龟蛇二石"。这两块石头一个如龟,一个似蛇,故名"龟蛇二石"。

相传,此二石乃观音菩萨点化而成,令其专门镇守云梯的,故又名"龟蛇守云梯"。

有诗道:"二君到此几多年,龟自辛勤蛇未眠。坚守天梯无日夜,迎来送往态悠然。"

它们俩就在这里无惧风吹日晒地看守着百步云梯。

西海群峰中的动人故事

黄山西海为一盆地型峡谷峰林群,"海"中峰柱林立,千姿百态、林木葱郁,素有"峰海""林海"之称。

每逢春夏或初秋雨后初晴,西海则云如浪涛,或涌或翻,或奔或泻,铺天盖地,极为壮观,被誉为"云海三海合一",这是西海之特色,其中通天门、天台为绝景。

西海峡谷因群峰兀立、谷深不可测而被称作神秘谷,后来人们在

■ 黄山西海大峡谷

> **道士** 道教的神职人员。他们因信仰道教而皈依之，履行入教的礼仪，自觉自愿地接受道教的教义和戒律，过那种被俗世视为清苦寂寞而他们却视为神圣超凡的宗教生活。同时，道士作为道教文化的传播者，又以各种带有神秘色彩的方式，布道传教，为其宗教信仰尽职尽力。

这里建造了排云亭。站在排云亭可眺望西海群峰、晚霞落日。

飞来石矗立峰在排云亭后面，它是高约1700米的丹霞峰，站在峰上可以观赏到旭日东升云端的壮观以及飞来峰和九龙峰的雄伟。

在排云亭前右侧近处，有二石如一双鞋，整齐地放在小峰台上，似在晾晒，人们称之为"仙人晒靴"。关于这两个像鞋一样的石头，还流传着一个故事呢！

从前，黄山左数峰的仙都观里住着一个老道士名叫道玄，他还有一个徒弟名叫太清；松林峰上的紫霞宫里住着一个道姑炼玉和她的徒儿妙真。

两座道宫中间隔着一道鸿沟，加上道规森严，他们老死不相往来。

一年冬天，山中大雪，仙都观里断了火种，道玄叫太清到紫霞宫里去借火种。当太清来到紫霞宫，就见到妙真，两人一见如故，谈起话来，非常亲热。

从此，太清和妙真两人每天打柴、担水的时候便到一起谈心，渐渐地砍的柴就少了，担的水也少了。

不久这件事都被双方师父发现了，他俩都受到了师父的严厉斥责。还规定今后打柴、担水，以两峰交界的沟涧为界，越界了，就用道鞭、神杖打杀。此后两人在一起说话就很困难了。

■ 黄山美景

■ 黄山美景

太清和妙真趁双方师父都下了山,便偷偷见面,并商定,今后太清在山门前晒一只靴子,就表示师父下山了,妙真就会见太清。妙真在宫前晒一只鞋,就是表示师父出门去了,太清就去见妙真。

有一天,两人刚见面,不料双方师父突然回来,事情败露。他俩想来想去,最后横下一条心,说:"生不能在一起,就死在一起!"

于是,两人携手从悬崖上纵身一跃,跳进了白雾茫茫的云海。太清晒的靴子和妙真晒的鞋子都没有人收,慢慢都变成了石靴、石鞋。

在排云亭前左高峰,有巧石如人状,前面紧挨着有石如琴。石人酷似仙女,石琴宛若平放的凤凰琴,状为仙女坐在琴旁,身体微俯,正在聚精会神地抚弄琴弦,故名"仙女弹琴",俗称"仙女打琴"。

传说在月宫中曾经住着一位美丽的仙女,弹得一手好琴。一天,玉皇大帝召她进宫弹琴,仙女的琴声深深打动了玉皇大帝,玉皇大帝一高兴就准许仙女下凡游玩3天。

仙女来到风景优美的黄山,她被黄山的景色吸引住了,坐在山峰上弹起了一首首动听的曲子,不知不觉,3天过去了。

■ 黄山迎客松

玉皇大帝见仙女还没回来，大发雷霆，施展法术把仙女变成了一块石头，就是现在人们见到的著名的"仙女弹琴"。

还有天狗望月。传说，从前二郎神除了哮天犬以外，还有一只狗，有一次，二郎神带着这只狗到黄山上去旅游，他们爬到山顶，黄山上的云海好壮丽，他们看得都发呆了。

突然有一道佛光出现了，二郎神忽然想起来，他还要赶到月宫上去，参加嫦娥的一个宴会。

于是，二郎神就急急忙忙唤来彩云，乘云飞到月亮上去了，却把跟他一起来到黄山的狗忘记了，他的狗从早上到晚上，一直看着月亮。

它很想念它的主人，就这样每天一直望着月亮，希望它的主人回来接它！但是它的主人早把它忘记了！这样狗就变成了"天狗望月"的石头！

二郎神 我国神话传说中一个重要人物，名杨戬。人神混血，力大无穷，法术无边，撒豆成兵，通晓八九玄功，民间传说有七十三般变化，阙庭有神眼，手持三尖两刃刀，此兵刃为女娲补天的五彩石炼成，座下有神兽哮天犬。

在排云亭前,向左眺望,远处石床峰上有一巧石似少女,面前有一奇松,如绣花台般,人们称之为"仙女绣花"。这其中还有一个民间故事呢!

古时候,黄山西海居住着一个善良的刘大爷和他的孙女。刘大爷每天到深山挖草药、采香菇、摘云雾茶。孙女聪明美丽,取名"天女",天女十分乖巧,每天在家烧饭、绣花。

有一天,刘大爷外出采集药草,途中遇到一条凶恶的黑龙,几乎丧生,幸亏得到一名叫大牛的小伙子的搭救。

大牛决心斩除那条黑龙,为民除害。刘大爷和天女都支持他,邀集全村人不分昼夜赶制武器,最终一把大宝刀炼成了。

大牛拿着宝刀来到刘大爷采药的地方,发现旁边有一潭湖水,于是大牛搬起一块石头砸向水潭。黑龙受惊动从水中猛冲上来,尾巴一卷,大嘴一张,顿时天昏地暗。

大牛毫不示弱,抡起宝刀与黑龙斗了起来,前后斗了三天三夜,打了九十九个回合,大牛终于斩掉了黑龙,但自己也累倒在了山冈上。

不知过了多少年,大牛的身体就变成了卧牛峰,而被大牛斩

> **嫦娥** 本作姮娥,因西汉时为避汉文帝刘恒的讳而改称嫦娥,又作常娥,扬州人,是我国神话人物、后羿之妻。神话中因偷食后羿自西王母处所盗得的不死药而奔月。民间多有其传说以及诗词歌赋流传。

■ 黄山景观

断的龙头，则变成了光明顶下路边那块龙头石。

天女天天坐在高高的西峰上绣花，盼着大牛醒来。她手捻丝线不停地绣呀，绣呀，她要绣一条最美丽的腰带送给大牛。

可是大牛是不会回来了。天长日久，天女就变成了一块仙石。仙人踩高跷在排云亭前，远眺正前方，可见有一石，下端极细，似一根棍子插在地上，上端若一人直立，身子向前微倾，其状酷似民间游乐项目"踩高跷"。

每当云雾缭绕时，则像仙人踩着高跷，在西海峰壑中揽胜，故名"仙人踩高跷"。

在排云亭前右数峰腰，是著名的"武松打虎"。在这里有一石似勇士振臂而立，威武雄壮。下边有一石如猛虎，昂首而吼，凶猛异常。

远远望去，就好像一只猛虎后爪着地，两只前爪扑在勇士身上，勇士则用左手叉住猛虎下颌，右手举拳欲击，好像武松打虎一般。

除此以外，还有夫妻对话、背面观音、天鹅孵蛋和文王拉车等美景，并且此处更是观黄山云海、落日的极佳地点。

阅读链接

关于天狗望月还有一个传说。传说从前在天上住的二郎神还有一只小狗，叫天狗，非常聪明，可是也很贪玩。有一天，天狗自己跑到凡间去玩，它玩了一天又一天。

这一天，天狗到黄山游玩，到了晚上，很累了，突然很想念它的好朋友玉兔，于是就趴在黄山的一座小山上，望着月亮，和它的好朋友玉兔聊天。

天狗把凡间好看的、好吃的、好玩的都告诉了玉兔，说得正起劲的时候，二郎神刚好到广寒宫探望嫦娥姑娘，看到他的小天狗在凡间，非常生气，就施法把它变成一块石头，让它永远趴在黄山那座小山上。

云雾缭绕的北海美景

从西海再往北去，就是北海了。北海位于黄山偏北部。在光明顶与始信峰、狮子峰、白鹅峰之间，是一片海拔1600米左右的高山开阔地带。

北海以峰为主体，汇集了峰、石、岙、坞、台和松、云奇景，以伟、奇、险、幻为特色，天工的奇妙布局，琉璃色彩变幻，构成一幅幅伟、奇、幻、险的天然画卷。

■ 黄山北海风光

罗汉 阿罗汉的简称,即自觉者,在大乘佛教中罗汉低于佛、菩萨,为第三等,而在小乘佛教中罗汉则是修行所能达到的最高果位。佛教认为,获得罗汉这一果位即断尽一切烦恼,应受天人的供应,不再生死轮回。

■ 黄山峭壁

其中有始信峰、上升峰、狮子峰和白鹅峰等奇峰,每当云雾萦绕之时,峰峦时隐时现,酷似大海中的无数岛屿,令人神往。

始信峰虽不如天都峰和莲花峰高,也不在36大峰之列,但雄踞险壑,竖立如削,三面临壑,悬崖千丈,峰顶拳拳之地,近揽远眺,面面受奇,有"始信黄山天下奇"之誉。

这里汇聚了许多黄山名松,如接引松、黑虎松、连理松、龙爪松、卧龙松和探海松等。石笋峰、上升峰左右陪衬,呈鼎足之势,峰巅有渡仙桥,桥畔石隙有状似接引仙人渡桥的接引松。

石笋峰上可观赏众多奇石。其中"石笋矼"号称"黄山第一奇观"。

石笋矼北有"十八罗汉朝南海""立佛石"等美景,惟妙惟肖,引人入胜。

其"罗汉"有高有矮,胼羸不一,有的擎伞前行,有的蹲立山顶,有的携杖缓步。在"罗汉"前

黄山美景云雾缭绕

方，怪石峥嵘，有如野兽蹲伏，有如飞禽落脚，形态各异。

若云雾缭绕时，矼上松石又是一番神奇的景象。峰顶有一平台，古代文人雅士常登峰览景，吟诗作画，饮酒抚琴，故有"琴台"之称。

上升峰位于始信峰北方，为36大峰之一，海拔1510米。因峰常为云拥，沉浮无定，势若上举，又旧传仙人阮公在此峰修炼成仙升天而去，峰上时有天乐声，故名"上升峰"又名"阮公峰"。

白鹅峰是黄山东海与北海的分界线，海拔1768米。峰壁平整如砥，山势险峻，峰上巨石累累，古松苍劲，景奇境妙，颇耐玩味。

白鹅峰上一石突出云天，状似白鹅头上的红包，故名白鹅。又因为山道绕峰而下，行人经过时需要面壁而行，故又名"面壁峰"和"板壁峰"。

从白鹅岭向右远眺，有峰如柱，峰顶有石如桌，四腿向上，似有意翻倒，故名"仙人翻桌"。关于这个"仙人翻桌"还有一个传说呢！

■ 黄山冬景

龙王 龙是我国古代神话的四灵兽之一，龙王则是指传说中在水里统领水族的王，掌管兴云降雨。在道教中有以海洋为区分的四位龙王，即"四海龙王"。

相传古时候，黄山是一片汪洋大海，有黄、黑、白、青、赤5条龙，分别住在黄山的前海、东海、后海、西海、天海，号称"五海龙王"。

一天，黄山东海龙王做寿，前海、后海、西海和天海的龙王、龙妃带着龙子、龙女、龙孙，一起到东海龙宫为东海龙王祝寿。一时间，东海龙宫里云腾雾涌，仙乐盈空，香烟缭绕，热闹非凡。

隆重的祝寿仪式完毕后，100多桌的御宴开始。御酒佳酿、珍肴美味，应有尽有。酒宴从午时三刻，一直延续到天黑，龙王们仍不肯散席，还在狂饮。

后海和西海的黑龙、青龙两位龙王，喝得酩酊大醉。醉后失态，青龙忽地跳到桌子上，甩起一脚，碗碟横飞；黑龙也不示弱，甩起一脚，干脆把一张八仙桌踢到了高空，比天都峰还高出160米。

八仙桌在空中翻了几个筋斗，打了几个转转，仍旧落在原来的地方，只是翻了个身，四只桌脚朝天。这一来，把宾客们吓得魂不附体，纷纷走散。

有诗咏其事道：

四海游龙聚一堂，为王庆寿喜飞觞。
沉欢喝得酩酊醉，心血来潮闹一场。

这东海龙王做寿，龙王们酒醉闹事，不知已经过了几万载，可是当时被黑龙踢翻的桌子，却依然四脚朝天，成为黄山的一座奇峰。

黄山北海是黄山的腹地，群峰荟萃，并且怪石嶙峋，其形态可谓是千奇百怪，令人叫绝。有仙人下棋、仙人背宝和猴子观海等。

> **八仙桌** 指桌面四边长度相等的、桌面较宽的方桌，大方桌四边，每边可坐二人，四边围坐八人，犹如八仙，故民间雅称"八仙桌"。八仙桌使用方便，形态方正，结体牢固。亲切、平和又不失大气，有极强的安定感，这也使得八仙桌成为上得大雅之堂的中堂家具。

黄山北海风光

仙人下棋在上升、始信两峰间。这里有一排怪石，酷似几位身穿道袍、头挽发髻的仙人。其中有两人对坐，如棋手对弈。

中间有一棵古松，树冠平整如棋盘，故名"仙人下棋"。这局棋不知下了千年万载，至今不见输赢。在"仙人下棋"左边，有一巧石如人，背负一袋宝物，称为"仙人背包"，亦称"仙人背宝"。

"猴子观海"在狮子峰北一座平顶的山峰上，有一巧石，如猴蹲坐，静观云海起伏，有诗写道：

灵猴观海不知年，万顷红云镶碧天。
坐看人间兴废事，几经沧海变桑田。

当云雾消散后，石猴又如在远眺太平县境，故也称作"猴子望太平"，猴子为何要望太平呢？这里面有个故事。

原先太平县城叫仙源村，村中有一户叫赵德隆的书香人家。女儿名叫掌珠，生得聪明美丽。离仙源村不远的黄山北海深处的一个洞里，有个灵猴，在山中修炼了3600年，会三十六变。

一天，灵猴见到掌珠生得俊俏，顿生爱慕之心。灵猴就变成一个白面书生，自称是黄山寨主的公子孙俊武，于傍晚来到赵家门前，以

黄山"猴子观海"

■ 黄山风光

天色已晚为由，要求借宿一夜。

　　赵家老夫妇见他长得俊秀，衣着华贵，斯文有礼，便信以为真，高兴地留他住宿，并设宴招待。酒饮三杯后，孙公子便向老夫妇陈述对掌珠的爱慕之情，央求纳其为婿，发誓侍奉二老颐养天年。

　　老夫妇一听这甜言蜜语，心中非常喜悦。经与女儿商量，掌珠对才貌双全的孙公子也十分喜欢。次日一早，老夫妇回了孙公子的话。孙公子听了欢喜若狂，差点露了原形。

　　灵猴回洞后，思念掌珠心切，急忙把大小猴子都变成人，组成了一支浩浩荡荡的队伍，去仙源赵家迎亲。掌珠被抬到洞府，只见陈设富丽，宾客满座。夜深宴席散，孙公子被宾客拥入了洞房。

　　一觉醒来，掌珠发现孙公子长了一身绒毛，大吃一惊。原来，孙公子酒醉，现出了猴子原形。掌珠非

洞房 很久以前，人们习惯地把新人完婚的新房称作"洞房"。拜堂完毕后，新郎、新娘在众人簇拥下进入洞房。晋中、晋南等地，要在洞房门前或门槛上事先放一马鞍等新娘前脚刚跨过去，便立即将马鞍抽去。

常恼恨,乘灵猴烂醉熟睡之机,逃走了,直奔家中。

灵猴酒醒后,知道自己露出了原形,吓跑了掌珠,便喝令众猴出洞寻找,追到山下芙蓉岭,也不见新娘的影子。

灵猴自从失去了掌珠,朝思暮想,但又没有妙法可想,只得每天攀上洞后的悬岩,坐在石上,朝着东北方向的太平县仙源村呆呆地望着,年深月久,就变成了一块石头。

黄山天海的东边就是东海。在白鹅峰前的东海,有"七巧石""五老荡船""仙人翻床"等奇景。

七巧石位于白鹅岭下盘道右侧,是大小7块岩石,形状不一,天然叠在一起,协调和谐,天然成趣,故名七巧石。有诗记道:

> 白鹅峰畔奇景多,七石巧叠尤谐和。
> 疑是仙家天鹅蛋,送来深山是小鹅。

从白鹅岭俯视,贡阳山畔有5块巧石,形如5位老翁相聚一起,在

云雾弥漫时，似在摇橹操舵，荡船于海上，人称"五老荡船"。其形象逼真，若静若动。

从白鹅岭下400阶，有一怪石屹立峰巅，其状似身着道袍的仙人，他一手举起，似为人指引进入之路，故名"仙人指路石"，又名"仙人指路峰"。它之所以颇负盛名，不仅仅在于外形酷似，而且因为有一段对世人颇有启发作用的故事。

相传很早以前，有一位2岁能文、4岁会武的神童，只因后来科场失意，擂台负伤，改行经商后又把老本蚀光，在走投无路时就奔赴黄山来寻师访仙。

他来到黄山跑遍了千峰万壑，连一个药农、樵夫的踪影也没见到。干粮吃光了就吞野果，衣服穿烂了就披树皮、树叶。渐渐地变得骨瘦如柴，一天，终于昏倒路旁，奄奄一息。

不知过了多久，来了一位身背篾篓，脚着山袜

仙人 即神仙，是我国本土的信仰。仙人信仰在我国早在道教产生之前就有了，后来被道教吸收，又被道教划分出了神仙、金仙、天仙、地仙、人仙等几个等级。远在佛教传入我国之前，我国本土就有了仙人的信仰。佛教传入我国之后，把古印度的外道修行人也翻译成了仙人。

■ 黄山白鹅岭

黄山天海景色

芒鞋的老人,把神童救醒过来,问明情况后,老人哈哈一笑说:"你怎么聪明反被聪明误呢?哪里有什么神仙,你快回家去找个力气活干干,免得把一条命丢在这荒山野岭白白喂了豺狼虎豹。"

说完还送些野果给神童路上吃。神童心想老人的话是对的,就千恩万谢地辞别了老人。没走多远,猛一下醒悟过来:我跑遍全山连个人影也没见过,那老汉分明就是仙人。

他回头就追,追上老人后就双膝跪地,苦苦哀求老人给指引一条成仙得道之路。

老人说:"我哪里是什么神仙。实不相瞒,我前半生被"名利"二字害得家破人亡,这才看破红尘,隐匿在此。"

神童半信半疑,但见老汉风度不凡,气宇若仙,决心拜老人为师,苦苦哀求不止。谁知等他抬头再看时,这老人却变成了一块高大雄伟的"仙人指路"石。

神童又在石头前百拜千叩,忽然石头人肚里发出声音:

> 踏遍黄山没见仙，只怪名利藏心间，
> 劝君改走勤奋路，包你余生赛神仙。

神童最终还是听信了仙人的话，后半生不但成家立业，而且日子过得很红火。后来清人曹来复以诗记之：

> 世事多乖错，投足皆模糊。
> 请君出山去，到处指迷途。

从另一个角度仰视仙人指路石，这块石头的形状又变成了喜鹊，旁有一棵青松，状若古梅，松石相配成景，人称"喜鹊登梅"。

除了这些奇峰怪石，东海还有人间瑶池仙境翡翠谷。谷中分布着大小彩池数百个，有40多个彩池的面积超过100平方米，最大的彩池面积近1000平方米。其中著名的有龙凤池、花镜池、绿珠池、玉环池、白鹿池、雷雨池、天池、天鹅池等。

阅读链接

狮子峰酷似一只伏卧的雄狮，故名。它头西尾东，狮头昂向丹霞峰、铁线潭的上空；清凉台处是狮子的腰部；曙光亭处是狮子的尾巴；狮子张嘴的地方是原庙宇狮林精舍。

狮子峰附近还有宝塔、麒麟等奇松和薄团、凤凰等古柏，又有四季喷涌的天眼泉和古木参天的万松林，古木葱郁，秀色可餐，"雄狮"伏卧万松之巅，更是灵秀雄奇。

今人有诗写道："曾经万亿年，常卧翠微巅。渴饮南山雨，饥吞北海烟。风雷吼四面，日月绕双肩。背负文殊座，雄威震大千。"从散花精舍和北海宾馆门前观狮子峰，最为神似。

宋代的黄山景物和传说

在叠障峰下为松谷庵。松谷庵原名"松谷草堂",始建于宋代,创建人为松谷道人张尹甫,后因年久失修毁废了。

存留下来的是明代重建的,并且改观为寺,名"松谷庵"。宁国知府罗汝芬题额"东土云山"四字。这里环境幽雅,景点甚多,石刻遍布。

过松谷庵,向北海清凉台进发,沿途要经过3个亭,称一道亭、二道亭、三道亭,海拔高度均在千米以上。

■黄山清凉亭云海

从松谷庵登山的第一亭位于轿顶峰，海拔1000米。山道逐步升高，视野随之开阔。当人攀上陡峭的悬崖，北望南天，其景又迥异于由南望北，只见那叠嶂峰峦，错落有致，相映成趣，宛如一幅幅绝妙的山水画，奇景天成。

其中有一幅像航海的观音，名为观音峰，有人又名其为美女峰。宝塔峻峭矗于云海之中，极似海域的灯塔。

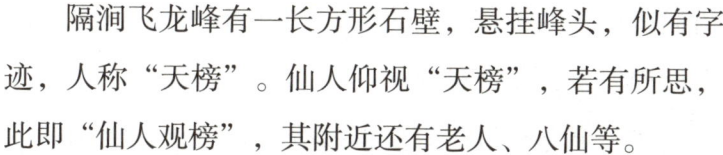
■ 黄山"手机石"

再往前走便是二道亭。从二道亭向前仰视宝塔峰，可见峰下有一高耸的怪石，形状像是一个头戴古冠、身着道袍的仙人。

隔涧飞龙峰有一长方形石壁，悬挂峰头，似有字迹，人称"天榜"。仙人仰视"天榜"，若有所思，此即"仙人观榜"，其附近还有老人、八仙等。

过二道亭500米，磴道沿宝塔峰盘旋上升，陡峭险峻。传说此处原为悬崖，无法凿路，幸遇神仙降临，劈下半壁山峰。

于是宝塔峰现于云端，崩岩填于险谷。人们依势过路，才形成了今天的磴道，故名"仙人铺路"。再继续向上攀登即达书箱峰畔的三道亭。

在三道亭小憩仰望，可见一石峰状如引颈欲啼的雄鸡，名鸡公峰，海拔1500米。与此峰隔谷相峙的另

知府 官名。宋代至清代地方行政区域"府"的最高长官。唐以建都之地为府，以府尹为行政长官。宋升大郡为府，以朝臣充各府长官，称以某官知某府事，简称知府。明以"知府"为正式官名，为府一级的行政长官，管辖所属州县。清沿明制不改。知府又尊称太守、府尊，亦称黄堂。

一奇峰，峰壁呈方格形，似古人用的书箱，再细看其皴裂，犹如一册书籍，人称此峰为"书箱峰"，海拔约1400米。

再回首望宝塔峰，峰上有3块巨石并列，如同3尊大佛像，非常壮观。而鸡公峰畔有两石相叠，形如羊、虎，名"老虎驮羊"。还有一块怪石像鹅，其下有许多圆形卵石，人称"小天鹅孵蛋"。

■ 黄山九龙瀑

南边的上升峰腰有两怪石直立如人，上下相峙。上者石顶生奇松状若盔缨，形同气宇轩昂的武将。下者俨然是神色慌张、冠服不整的文官，由此，人们联想起《三国演义》中"关羽华容道挡曹操"的情节，名之为"关公挡曹"。这两块奇石形神俱备，非常有趣。

在三道弯附近赏景后继续登山，磴道在陡峭的峰壁上盘曲而上，道路更加陡峭，"之"字形盘道螺旋上升，这就是十八道弯。走完这段险道，就到了北海的清凉台。

从芙蓉岭进山，沿北路至北海，有石阶6500多级，相对高度1100米。一路上千峰竞秀，万壑争奇，巧石名潭，尤为佳妙。特别是山高林密，空气清新，确是名副其实的"清凉世界"。

在宋代，黄山还曾是一位丞相的读书处。在罗汉

《三国演义》
全名《三国志通俗演义》，元末明初小说家罗贯中所著，为我国第一部长篇章回体历史演义的小说，我国古典四大名著之一，历史演义小说的经典之作。

峰和香炉峰之间，海拔高度仅890米的地方，是一处地势较低、略显开阔的谷地。宋代丞相程元凤曾在此处读书，故名"丞相源"。

后来的明代文士傅严漫游至此，应掷钵禅僧之求，手书"云谷"二字，此后禅院改名"云谷寺"，久而久之，云谷寺就成了今天的地名了。

这里的主要景物有云谷山庄、古树、怪石、九龙瀑和百丈泉等。

云谷山庄坐落在苍松翠竹丛中，四周群山相抱，溪水同流，环境幽静。既是一座宾馆，又是一处颇具典型的徽州古民居式建筑群体，楼宇错落有致，小青瓦、马头墙。山庄上侧百米处是登山石道，上可至北海，下可至九龙瀑和苦竹溪。

九龙瀑和百丈泉，连同温泉区的人字瀑，被称为

> **丞相** 官名。我国古代皇帝的股肱，典领百官，辅佐皇帝治理国政，无所不统。丞相制度，起源于战国。秦朝自秦武王开始，设左丞相、右丞相，有时也设相邦，秦统一以后只设左、右丞相。后明太祖朱元璋废除了丞相制度。

■ 黄山峡谷

■ 黄山九龙瀑

黄山的三大瀑布。九龙瀑位于云谷西路下山处，瀑水源于天都、玉屏、炼丹诸峰，汇为云谷溪，然后在香炉、罗汉两峰之间的悬崖上奔流而下，长达300米，整条瀑布共分九折，一折一瀑，一瀑一潭，故名"九龙潭"，古诗这样描写九龙瀑："飞泉不让匡庐瀑，峭壁撑天挂九龙。"

百丈泉位于云谷西路下山处，每当雨季，巨大的悬崖上，瀑水奔流，直泻百米，犹如白绢长垂，疑是银河落地，气势不同凡响。观瀑亭是观赏此瀑布的最佳处。

云谷的名贵古树有3棵，其中华东黄杉有500多年树龄，南方铁杉有800多年树龄。这两棵树均为常年绿叶乔木，树形雄伟壮观，气宇轩昂。

这两棵树同有一种奇特现象，即同一棵树上长有两种枝干和两样叶子，既有针叶又有阔叶，一体两物，珠联璧合，别具雅趣。

还有一棵是高大的银杏，树龄1000多年，高大茂盛，令人注目。

云谷的怪石有狮子抢球、琴石台和千古石等，在巨大的岩石上有多处石刻，如渐入佳境，妙从此始，醉吟通幽等。

绣球 一般由彩绣做成，是我国民间常见的吉祥物。在我国古代，有些地方有一个风俗，当姑娘到了婚嫁年龄，就预定于某一天让求婚者集中在绣楼之下，姑娘抛出一个绣球，谁得到这个绣球，谁就可以成为这个姑娘的丈夫。在很多地方，抬新娘的花轿顶上要结一个绣球，意图吉庆瑞祥。

狮子抢球在丞相源后溪中,是一巨石如雄狮,有石级可登狮背,其西有一大圆石,仿佛一个绣球。狮子虎视着前面的石球,似欲伸爪推动石球玩耍,故名。有诗道:

雄狮睡醒豁双眸,势欲登天志未酬。
昂首常观峰上月,抢来一石恰如球。

狮石上面刻有"已移我情",下面刻有"王松入韵"。

在宋代,黄山还流传着很多的传说。在黄山天海的平天矼,有一块大石头,名为"飞来石",为什么叫"飞来石"呢?传说这块石头是宋代的时候,从天外飞来的呢!

相传,宋代有个叫单福的石匠,一生给人家造成了不少桥,心想也在自己家乡门口的江上建造一座,但叹息没有帮手。他膝下只有一女叫小姣,长得聪明美丽。

小姣知道父亲的心思,便要求参加帮助干活。但那深山采石,百里运石的苦和累,小女子怎么受得了,所以单福就是不答应。小姣跪在地上苦苦哀求,单福无奈,才含泪点头。

单福还把3个徒弟找来帮忙,不久就干起来了。由于开山运石的苦和累实在难受,大徒弟和二徒弟先后悄悄地溜了。

单福和女儿、三徒弟为修桥铁了心,继续风里雨里苦干着。

黄山云谷深松

但好几年过去了，运到江边的石头只有一小堆，这样累死苦死，桥也建不起来。小姣一咬牙，请人写了"捐身修桥"4个大字，插了个草标，坐到江边石堆旁。

一连3天，来看的人无数，但望望滔滔江水，就都走了。这天，忽然来了个瘸子，身背一把扇子，摘了草标，问小姣愿不愿意跟他走，小姣回答说："什么时候把大山里开采的石头全运到江边，就什么时候跟你走。"

这瘸子原来是八仙中的铁拐李。他挤出人群，腾云驾雾，很快来到百里外的大山，从背上拿下扇子，对着单福和三徒弟开出的石头就扇。石头竟都飞了起来，又纷纷落在江边。

单福和三徒弟也被从山上扇到造桥工地。铁拐李还怕不够，又对身下立着的一块巨石扇了三扇子，他就站在那巨石上飞到江边。只见底下都是人，未敢让巨石落下。又听单福大声说："石头够了！"

铁拐李便驾起云头，飘游起来，游到黄山，见黄山风景秀丽，便将石头落下。从此，这飞来石就给黄山增添了绝妙的一景。

阅读链接

苦竹溪在罗汉峰西侧。溪水出自洗药源。洗药源位于钵盂峰下，又名"掷钵源"，源深30余里，传说有丞相隐居于此，俗名"丞相源"。丞相源水经九龙瀑注入苦竹溪。

相传，苦竹溪原名"古迹溪"，溪边住着一位姑娘，爱上了一位小伙子。后来当地一财主看中这姑娘，便设下毒计将小伙子杀死，霸占姑娘为妾。

姑娘悲痛欲绝，逃进竹林，在小伙子坟上哭得死去活来，心酸的泪水浸透坟土，滋润竹林，流进溪中。从此，这里的竹子、溪水都含有苦味，于是，古迹溪就被改名为"苦竹溪"。

奇秀天下 江西庐山

庐山又称匡山、匡庐，位于江西北部，为"三山五岳"中"三山"之一。

庐山多峭壁悬崖，瀑布飞泻，云雾缭绕。险峻与柔丽相济，以雄、奇、险、秀闻名于世，自古享有"匡庐奇秀甲天下"之盛誉，与鸡公山、北戴河、莫干山并称四大避暑胜地。

庐山山体呈椭圆形，绵延的90余座山峰，犹如九叠屏风，屏蔽着江西的北大门。巍峨挺拔的青峰秀峦、喷雪鸣雷的银泉飞瀑、瞬息万变的云海奇观、俊奇巧秀的园林建筑，一展庐山的无穷魅力。

奇巧灵秀的庐山美景

传说，早在周初时，有一位名叫匡俗的人，在一座大山中寻道求仙。他寻道求仙的事迹，为朝廷所获悉。于是，周天子屡次请他出山相助，但匡俗却屡次回避。

后来，匡俗为了不再被打扰，潜入了山林深处修炼仙道，人们就

庐山锦绣谷

■ 庐山锦绣谷

再也找不到他了。后来有人说看到他是飞升成仙了，于是人们就把匡俗求仙的地方称为"神仙之庐"，而这座山就称为庐山了。因为"成仙"的人姓匡，所以又称庐山为"匡山"或"匡庐"。

庐山的山峰以雄、奇、险、秀闻名于世，素有"匡庐奇秀甲天下"之美誉，大江、大湖、大山浑然一体，雄奇险秀，刚柔并济，主峰大汉阳峰海拔约1473.4米，雄伟高大，气概非凡。其北还有一座小峰，故人们称它为大汉阳峰，小峰为小汉阳峰。

大汉阳峰顶上有一石砌平台，名为汉阳台。相传在盘古时候，洪荒稽天，汉王曾在这里躲避洪祸。据说在此可夜观汉阳灯火，即便在白天，远望近览也颇令人心旷神怡。

庐山的奇山美景非常多，比较有名的有锦绣谷、大天池、龙首涯、石门涧、五老峰、黄龙潭和乌龙潭等。

盘古 或称盘古氏或盘古大帝，我国神话故事中的人物，是唯一的一位可以被称为"顶天立地"的神。关于盘古的传说有很多，但都普遍认同盘古是开天辟地的人物。盘古为了人类而献身，用自己的身躯创造了世界万物。

■ 庐山锦绣谷云雾

释迦牟尼 姓乔答摩,名悉达多,古印度北部迦毗罗卫国(今尼泊尔境内)释迦族人,佛教的创始者。"释迦牟尼佛"是后人对他的尊称。"释迦"是他所属的部族释迦族的名称,有"能""勇"的意思。"牟尼"意为"寂静""寂默",汉文翻译又作"能仁寂默""释迦文佛"等。

锦绣谷是由大林峰与天池山交汇而成,为一段长约1.5千米的秀丽山谷。曲径盘空,云雾弥漫,峰回路转,步移景换。峰壑组合奇特,盘崖峭峙,典雅深幽,两边如斧劈刀削一般。锦绣谷内长满奇花异草,神采非同一般,这里四季花开,犹如锦绣,故有锦绣谷之名。

登上庐山西部海拔900米的天池山顶,即可来到大天池。这里南望九奇峰,下俯石门涧,东瞻佛手岩,西眺白云峰。两水萦回,四山豁朗。

相传,释迦牟尼侍徒文殊曾经骑着青狮从五台山来此,见此峰峦叠翠,云雾重袅,幽雅翠滴,认为是座人间仙山。

但是文殊在山上转了一圈以后,觉得缺一分秀水,于是文殊施展法力,双手插石,顿时土开石裂成两个旱坑,又施法力,引来灵水,所以人们称它为天池,而这个泉眼,称为神泉。山泽通气之时,池水常冒出如珍珠般的气泡。

从大天池西南侧，循石阶下行数百米，便可见一崖拔地千尺，下临绝壑，孤悬空中，宛如苍龙昂首，飞舞天外，这就是龙首崖。

人们若从悬崖左边一石亭观看，龙首崖悬壁峭立，一石横亘其上，恰似苍龙昂首。崖下扎根石隙的几棵劲松，宛如龙须，微风吹拂，恰似龙须飘飞。

龙首崖是观云雾的好地方。每当大雾袭来，深涧峡谷中，云雾升腾，龙首崖如遨游在茫茫云海之中。人们站在岩上，有如腾云驾雾，云游太空，也似乘龙探海，嬉戏波涛。不多时，浓雾散去，晴空艳阳，满目青翠，远处峡谷、河流、田野、农庄清晰可辨。

在龙首崖上凭栏俯瞰石涧峡谷，可见悬索桥似的彩虹横卧，狮子岩、方印岩、文殊岩、清凉岩、万丈梯等诸多美景，奇石累累，姿态万千。

从龙首崖下去不远处，就可以到达石门涧。庐山石门涧位于庐山的西麓，素称庐山西大门。因天池山、铁船峰对峙如门，内有瀑布而得名。石门涧面对峰崖，隔涧箕立，结成危楼险阙。最窄处的"小石门"，两崖之间仅存一缝，人们入"门"必须侧身才能通过。

峡谷间，高崖悬流成瀑，深谷积水成湖。潜隐湖底的杂乱怪石与兀立溪涧的巨岩，沿涧巧布，成为"石台"，最大的一块光滑的磐石上可坐数十人，石上镌有"石门涧"三个大字。

庐山石门涧"爱池"

禅师 和尚之尊称。出自佛教经典《善住意天子所问经》，南朝陈宣帝称南岳慧思和尚为"大禅师"，唐中宗赐神秀和尚以"大通禅师"之号。因此后来禅师皆寓非常尊崇之意。

过了大磐石，峡谷更加险峻，如剑插天尺，争雄竞秀。在这大断层中，桅杆峰与童子崖从洞底直矗而上，林立咫尺，奇峰簇拥，迭峰屏立。峭壁千仞的峰峦，上接霄汉，下临绝涧。真是奇峰奇石奇境界，惊耳惊目惊心魄，纵有鬼斧神工，也难造此胜景。

由石门涧上来，步行一段路，便可到黄龙潭、乌龙潭。两潭相邻，各有千秋。

黄龙潭幽深、静谧，古木掩映的峡谷间，一道溪涧穿绕石垒而下，银色瀑布冲击成暗绿色的深潭。静坐潭边，听古道落叶、宿鸟鸣涧，自然升起远离尘世、超凡脱俗之感。大雨初过，隆隆不尽的闷雷回荡在密林之中。

乌龙潭原来并不是一个，而是由3个大小不一的潭渊组成，据古书中记载：

■ 庐山乌龙潭

庐山五老峰

乌龙潭凡三潭，中、上两潭皆高数十百丈，下潭稍平夷。

潭水分五股从巨石缝隙中飞流而下，短而有力，像是一把银锻的竖琴，日夜在拨动着琴弦。相传在很久很久以前，黄龙山谷中有两条桀骜不驯的黄龙、乌龙时常争斗，引动山洪暴发，周围百姓无法安居乐业。

后来，彻空禅师云游至此，运用法力将二龙分别镇在黄龙潭、乌龙潭中。后来，乌龙潭上方的巨石上还镌着"降龙"两字。

五老峰地处庐山东南，因山的绝顶被垭口所断，分成并列的5个山峰，仰望俨若席地而坐的五位老翁，故人们便把这原出一山的5个山峰统称为"五老峰"。

五老峰海拔1436米，陡峭挺拔，根连鄱湖，峰接霄汉，奇峦秀色，驰誉天下。五老峰东南面绝壁千仞，陡不可攀，而西北坡地势较缓，人们可循小道爬坡登山。

登上五老峰，只见危岩峭立，层崖断壁，天高地迥，万仞无倚。站立山顶俯视山下峰峦，有的挺立如竿，有的壁立如屏，有的蹲踞如

> **王母娘娘** 我国传说中的女神。原是掌管灾疫和刑罚的大神，后于流传过程中逐渐女性化与温和化，而成为慈祥的女神。相传王母住在昆仑仙岛，王母的瑶池蟠桃园里种有蟠桃，食之可长生不老。王母亦称为金母、瑶池金母、瑶池圣母和西王母。

兽，有的飞舞如鸟，山势此起彼伏，犹如大海汹涌波涛。极目眺望，远处的城郭川原宛如盘中玉雕，鄱阳湖中来往的船帆尽收眼底。

倘若朝夕登峰极顶，则可见朝霞喷彩，落日熔金，色彩缤纷。有时山上天风作起，白云四合，身埋雾中，霎时那蓝天、澄湖、远树、遥山统统迷藏在云雾里。

片刻云消雾散，头顶露出蓝天，云海逐渐消失，蓝空下鄱阳湖好像一面巨大明镜，把扬帆的船影映照得特别清晰。阳光里，几朵白云把五老峰衬托得更加雄奇，渲染得格外富有诗意。

有云雾时，它好像腾云驾雾的五仙翁，高高腾起于半空的云雾中。月光下，它衬托蓝天白云，俨如一朵仰天盛开的芙蓉花，格外鲜艳夺目。历代许多诗人名士来到五老峰，无不为这里的瑰丽景色所迷恋，留下了不少赞美的诗篇。

庐山不仅景色宜人，还盛产名茶，云雾茶就是其中的一种。关于云雾茶的由来，还有一段有趣的传说呢！

传说孙悟空在花果山当猴王时，常吃仙桃、瓜果、美酒。有一天，他忽然想起要尝尝玉皇大帝和王母娘娘喝过的仙茶，于是一个筋斗上了天。孙悟空驾着祥

■ 庐山雾景

云向下一望，见九州南国一片碧绿，仔细看时，竟是一片茶树。

此时正值金秋，茶树已结籽，可是孙悟空却不知如何采种。这时，天边飞来一群多情鸟，见到猴王后，问他要干什么？

孙悟空说："我那花果山虽好但没有茶树，想采一些茶籽去，但不知如何采得？"

众鸟听后说："我们来帮你采种吧！"于是展开双翅，来到南国茶园里，一个个衔了茶籽，往花果山飞去。多情鸟嘴里衔着茶籽，穿云层，越高山，过大河，一直往前飞。

不料在飞过庐山上空时，巍巍庐山胜景把众鸟深深吸引住了，领头鸟竟情不自禁地唱起歌来。领头鸟一唱，其他鸟跟着唱和。鸟一张嘴，那些茶籽便从它们嘴里掉了下来，直掉进庐山群峰的岩隙之中。从此云雾缭绕的庐山便长出一棵棵茶树，出产清香袭人的云雾茶。

庐山瀑布三叠泉

阅读链接

关于庐山名字的由来，还有一个传说，也是关于匡俗的。这个传说认为，匡俗的父亲为东野玉，曾经同都阳令吴芮一道，辅佐刘邦平定天下，东野玉不幸中途牺牲。为了表彰东野玉的功勋，朝廷封东野玉的儿子匡俗于邬阳，号越庐君。

越庐君匡俗，一共有兄弟7人，他们都爱好道术，所以相约到鄱阳湖边大山里寻道求仙。后来，人们把越庐君兄弟们寻道求仙的山，称之为庐山。

神话传说中的庐山奇峰

庐山的山水名扬天下,但传说庐山原来没有那么多山峰,那这些山峰又是怎么来的呢?关于这些山峰的由来,还有一个传说呢!

据说当年秦始皇统一六国之后,在全国征集了大批民工修筑万里长城。这些民工整日挑砖运土,不眠不休,一个个叫苦不迭,怨声连天。

庐山仙人洞

一日,骊山老母打坐在天宫,忽见一股怨气冲上云天,拨开云雾一看,见那些修筑长城的人,全被扁担压弯了腰,步履蹒跚,苦不堪言。

骊山老母见他们委实可怜,不觉动了恻隐之心。她拿出一把红丝线,做起法术,喝一声:

■ 庐山含鄱口美景

"去",往下一抛,只见满天的红丝线,飘飘忽忽,随风降落,一根根系在民工挑土的扁担上。

说来也怪,这些红丝线一系在扁担上,百斤重担顿觉轻了很多。民工们挑得也轻了,跑得也快了,人人喜形于色,个个笑容满面。

这件事很快被秦始皇知道了。秦始皇想:是什么红丝线,竟有这般神通?看来一定不是凡间之物,肯定是仙家之宝了。于是下了一道圣旨,立即把这些红丝线全部收集来,另派用场。

圣旨一下,官员们不敢怠慢。当民工们晚上熟睡的时候,他们派人把扁担一根根收拢,把红丝线一条条解下,第二天送进了皇宫。

秦始皇看看这些红丝线,跟一般丝线同样粗细,并无两样。可是仔细一看,却见这些红丝线熠熠发

秦始皇(前259-前210),名嬴政,嬴姓赵氏,又称赵政,生于赵国首都邯郸。我国历史上著名的政治家、战略家、改革家,首位完成中国统一的第一位皇帝。秦始皇将我国推向了大一统时代,对我国历史产生了深远影响,奠定我国两千余年政治制度的基本格局。他被明代思想家李贽誉为"千古一帝"。

庐山云烟

光，用剑砍，砍不断。拿火烧，烧不烂，真是奇珍异宝啊！

秦始皇想：一根红丝线系在扁担上，都有如此威力，如果把红丝线全都拧在一起，岂不威力无比吗？于是，他选派几名能工巧匠，编啊，绞啊，一直编绞了三天三夜，编成了一根又长又粗的鞭子。秦始皇非常高兴，他要亲自试试这根神鞭的威力。

秦始皇摆驾出了京城，前呼后拥地来到庐山前，只见他手握神鞭，扬手一挥，"呼！"带起一阵狂风，紧接着山崩地裂一声响，顷刻间走石飞沙，那神鞭抽到的地方，就像斧劈刀砍一样，把骊山劈去了一半了。

秦始皇又惊又喜，这真是一条赶山鞭啊！我何不赶着山去填东海呢？也好让普天下的人都知道我的威风！秦始皇这么一想，就一连甩了九十九鞭，把庐山劈成了九十九个坡，九十九个洼，变成了九十九座奇峰，九十九个险谷，想要赶着庐山往东海方向去。

这一来，东海龙王可慌了手脚啦！他急冲冲出了龙宫，登上天庭，奏知玉皇大帝，说秦始皇要赶山填海，毁他的老巢，请旨定夺。玉皇大帝一听，啊！有这等事？当即传旨，命龙王的女儿三公主去阻止秦始皇赶山填海。

三公主聪明能干，法力无穷。她领了法旨，知道不能力敌，只能智取，当即摇身一变，变成了一位村姑，在山边摆起了一个茶摊。

秦始皇忽见山边高高地悬挂着一个斗大的"茶"字，飘出一阵阵清香，原来是一个茶摊。秦始皇握着赶山神鞭，来到了茶摊，一看，只见那卖茶的村姑，一头乌黑油亮的披肩长发，一双黑宝石似的大眼，再配上一张樱桃小嘴，一笑一对酒窝儿，真是如花似玉，赛过天仙。

秦始皇看得发呆了，心想：我这三宫六院，七十二嫔妃，与她相比，全都逊色了呀！

秦始皇真是一见倾心啊！在这时，三公主又对着她回眸一笑，招呼道："客官，想必是要喝茶吧，请坐，请坐！"

天庭 指玉帝的宫廷或三界的中央权力的中心，三界都归其所管辖。在道教文化中，是富丽堂皇、庄严肃穆的地方，有诸多的规条，称之为"天条"。在这里，有玉皇大帝审问和管理三界的各种事务。

■ 庐山山顶

三公主这一笑一招呼,更使秦始皇神魂飘荡,他喜滋滋地坐了下来,两只眼睛盯着三公主,舍不得移开。三公主却满脸含笑,殷勤相待,给他沏了一杯香茶,说:"村野山茶,客官请勿见忌!"

秦始皇慌忙品尝了一口,连声说:"好茶,好茶!请问村姑姓甚名谁,为何独自一人在此卖茶?"

三公主见问,脸上顿生愁云,答道:"奴家名叫海姑,家住在南山之下,只因为家境贫寒,生活所迫,不得已才在此抛头露面,卖茶糊口。"

秦始皇一听,心里更加高兴,便说:"我是当今皇上,你只要随我进宫,保管你穿的是绫罗绸缎,吃的是山珍海味!"

三公主一听,故作惊讶之色,继而又摇了摇头。秦始皇一看,急了,忙说:"我还可以给你造一座最美丽的宫殿,任你游玩消遣!"

三公主还是摇了摇头。秦始皇更加着急,又说:"你究竟要什么呢?只要你抹掉脸上的愁云,露出笑容,要什么我都给你,你快开口吧,不要急煞孤王了。"

■庐山庐林湖

庐山云烟

三公主见秦始皇总是握着那根赶山神鞭,一刻也不松手,便心生一计,说:"万岁所说是真?"

秦始皇说:"有道是君无戏言。"

三公主急忙跪倒在地说:"谢主隆恩!"

秦始皇喜不自胜,慌忙丢下赶山神鞭,双手把三公主搀扶起来,说:"你需要什么,快说吧,孤王全都给你。"

三公主见秦始皇丢下了赶山神鞭,心里暗自高兴,她趁秦始皇不备,瞅个空儿,"刷"地一把就夺过了赶山神鞭,说:"我要的就是它!"

三公主说完,"呼"的一声化作一阵清风,回东海龙宫向父王复命去了。秦始皇丢了赶山神鞭,再也不能赶山了。被秦始皇九十九鞭抽打出来的九十九个坡,九十九个洼,也就成了后来庐山的九十九座奇峰,九十九条险谷,显得分外巍峨壮丽。

秦始皇不见了三公主,心里还是十分想念。他登上庐山去寻找,

九天 指传说中的玉皇大帝居住的地方,后来形容极高极高的天空。我国古代传说中天有九重,九天是天的最高层。一为中天,二为羡天,三为从天,四为更天,五为睟天,六为廓天,七为咸天,八为沈天,九为成天。

踏遍了山山岭岭,跨过了险谷深沟,也没见到三公主的身影,就坐在马耳峰下的巨石上休息。

秦始皇心里思念三公主,又站起来开始爬山,他攀上九奇峰,一直登上了高山绝顶大汉阳峰,找啊,找啊,还是找不到他思念的三公主。

秦始皇站在汉阳峰顶,极目遥望,但见云天相隔,白雾茫茫,不觉满腹相思,万分悲切,禁不住流下了眼泪。无奈,只好失望地回京城去。

后来,秦始皇在马耳峰下坐过的那块巨石,被人们称为"秦皇石"。秦始皇在攀山时洒下的汗水,化成了九奇峰下的喷泉。他在汉阳峰顶淌下的眼泪,流向西南的,变成了有名的庐山瀑布;向东流去的,则汇成了有名的"三叠泉"了。

三叠泉位于五老峰下,飞瀑流经的峭壁有三级,

■ 庐山瀑布

溪水分三叠飞泻而下，落差155米，极为壮观，撼人心魄，故名三叠泉。

三叠泉的每一叠都各具特色。一叠直垂，水从20多米山脊上一倾而下。二叠弯曲，直入潭中。

站在第三叠抬头仰望，三叠泉抛珠溅玉，宛如白鹭千只，上下争飞。又如百副冰绡，抖腾长空，万斛明珠，九天飞洒。

如果是暮春初夏多雨季节，飞瀑如发怒的玉龙，冲破青天，凌空飞下，雷声轰鸣，令人叹为观止，故有"不到三叠泉，不算庐山客"之说。

庐山三叠泉瀑布

阅读链接

关于庐山和秦始皇，还有这样一个传说呢。相传秦始皇得到的神鞭是南海观音遗失的，秦始皇用神鞭将山赶到了鄱阳湖畔的时候，天已经黑了，秦始皇决定第二天再赶山下海。哪知当夜失去神鞭的南海观音闻讯赶到，乘秦始皇酣睡之时，换走了神鞭。

第二天，秦始皇举鞭赶山下海，可山岿然不动，他一连抽九十九鞭，直打得那山满身鞭痕，可仍纹丝不动地屹立在原地。秦始皇无可奈何，只得将鞭子扔下，回京城去了。从此，那山便在鄱阳湖畔扎下了根，成为庐山。

秦始皇抽的九十九条鞭痕，变成九十九道锦绣深谷，他扔下的赶山鞭，变成了龙首崖外高耸入云的桅杆峰，他那流淌的汗水，化作银泉飞瀑了。

宗教文化和诗词古韵

在与龙首崖隔涧相望的地方,有一个高峰矗立,似巨舰昂首,人们称它为铁船峰,俗称"桅杆石"。

相传,东晋大将军王敦,军事大权在握,欲篡夺帝位。一天,王敦在建康邀请道教祖师许逊和他的随从等人,共同饮酒作乐。席间,王敦让人给他释梦。

王敦说他昨晚梦一木破天,问是否吉祥?

许逊等人知其用心,便释说:"木上破天,乃未字,公欲用刀兵,不可轻举妄动。"

东林寺全貌

■ 东林寺大门

王敦听后不悦,暗起杀心。许逊等人也已料到,遂乘船逃走。船行至江中,王敦果然派兵追来,幸好许逊学有法术,呼来二龙挟船并飞,并告诫众人紧闭双目,不得窥视。

当船飞临庐山紫霄峰上空时,云雾弥漫,船底擦着树梢沙沙作响。此时,船上的人感到奇怪,就偷偷去看个究竟。看到有人偷窥,二龙突然离去,船随即坠于紫霄峰下的石门洞旁,而化为铁船峰。

虽然这个传说带有明显的神话色彩,但它却给铁船峰这一景观增加了传奇色彩,使铁船峰更加扬名天下。

在东晋,佛教的净土宗也在庐山诞生了。慧远于381年奉东晋名僧道安之命,沿襄阳、荆州东下,来到庐山宣扬佛法,时年47岁。后来,于384年在庐山创建东林寺,自此一住30余年,直到离开人世。

东林寺坐落于庐山西麓,椽摩栋接,丹辉碧映,"规模宏远,足称万僧之居",是我国佛教八大道场之一。再加上庐山沟壑纵横,云雾缭绕,绿树掩映,

净土宗 佛教宗派之一。因专修往生阿弥陀佛极乐净土的念佛法门,故名。东晋,慧远在庐山东林寺建立白莲社,提倡专修该往生净土的念佛法门,又称"莲宗"。实际创宗者为唐代善导。净土宗历代祖师并无传承法统,很多还是宗门教下的大祖师,均为后人据弘扬净土贡献推戴而来。

■ 东林寺寺院

曲径通幽。

　　这山水和建筑相呼应的场景，在慧远心中形成了一个奇幻的境界。慧远善诗会文，在庐山的漫长岁月中，他留下了许多作品，后来仅存《庐山东林杂诗》《庐山记》等。

　　慧远题咏庐山的诗，是后来保存下来有关庐山的诗篇中最早的作品。其中，有一首五言诗《游庐山》为历代文人所推崇。全诗道：

> 崇岩吐气清，幽岫栖神迹。
> 希声奏群籁，响出山溜滴。
> 有客独冥游，迳然忘所适。
> 挥手抚云门，灵关安足辟？
> 流心叩玄扃，感至理弗隔。
> 孰是腾飞霄，不奋冲天翮。
> 妙同趣自均，一悟超三益。

东林寺不仅历史悠久，而且环境优美。群山环

陆修静（406-477），字元德。三国吴丞相陆凯的后代。笃好文籍，穷究象纬。早年弃家修道，好方外游，遍历云梦山、衡山、罗浮山、峨眉山等地。461年来到庐山，构筑精庐居处修道，是为太虚观。自此，以在太虚观中研经传道授徒长达7年之久，为庐山道教势力的发展和影响的扩大作出了极大贡献。

抱,溪水回流的东林寺,寺南翠屏千仞,寺前一泓清流虎溪迂回向西而去,溪上跨着一座石砌拱桥,这就是我国文化史上传为佳话的"虎溪三笑"故事发生的地方虎溪桥。

据传,慧远和尚来东林寺后,"影不出山,迹不出俗",一心修行,连送客也未曾过虎溪桥,若是过了桥,山上的神虎就要吼叫。

一天,慧远送陶渊明与陆修静,三人携手边走边谈,越谈越开心,不觉过了石桥,谁知没走几步,山上的神虎便吼叫不止。他们这才恍然大悟,三人相视仰天大笑,惜别分手。这就是广为流传的文苑佳话"虎溪三笑"。

过了虎溪桥,北行百余米为第一道山门,门墙书有"秀辑庐峰"四个篆体大字,山门上竖挂着"晋建东林寺"石刻。

跨进第一道山门有一条南北伸展的石砌甬道,甬道东侧屹立着一棵苍劲挺拔、形如圆盖的罗汉松,其旁刻有"护法殿",正中盘坐的大肚弥勒佛。

由此再往里走,可见一排正殿。其中究其精巧壮观者首推"神运宝殿",它殿堂高大,精雕细镂,廊腰缦回,檐牙高啄。殿内有一口神话传说中出木建寺的"出木池"。据传,神运宝殿就是用出木池中涌出的良木建造而成的。

神运殿西侧是接待室,东面是三知

> **弥勒佛** 即弥勒菩萨,佛教八大菩萨之一,大乘佛教经典中又常被称为阿逸多菩萨,是释迦牟尼佛的继任者,将在未来娑婆世界降生成佛,成为娑婆世界的下一尊佛,常被尊称为"当来下生弥勒尊佛"。

■ 东林寺古樟树

> **殷仲堪** 陈郡人,殷融之孙。他卒于399年。能清言,与韩康伯齐名。调补佐著作郎,谢玄请为参军。又为长史,领晋陵太守。他与从兄觊均以擅文学著名,各有著述。《隋书志》纂有杂论九十五卷,并行于世。撰有《殷荆州要方》。

堂。与三笑堂毗连的为"十八高贤"影堂,是慧远与共修净土的18位佛教徒结白莲社诵经的地方,故亦称"念佛堂"。

堂内西壁嵌有刘程之、雷次示、高僧慧远、梵僧佛驮跋陀罗等"十八高贤"石刻像。雕塑精细,形象逼真,个性鲜明,神态各异,栩栩如生。

在十八高贤影堂和神运殿后有两口水泉。一口叫聪明泉,是慧远与其好友殷仲堪经常一起研究《易经》、盘教谈天的地方。

另一口是在文殊阁下墙根处的古龙泉,相传为慧远和尚举杖扣地而成的水泉,后因其弟子慧安为计时立芙蓉12叶于泉水中,据波转定12个时辰,故亦称"莲花漏"。

东林寺西的山丘上,还有东方佛教"净土宗"的始祖慧远墓塔荔枝塔。

庐山文殊台也是始建于东晋。文殊台下有石突出,象角如虚凌霄,叫"凌霄石"。上面建有一亭,

■ 东林寺院子

号"老母亭",因为庐山民间又叫骊山,说是骊山老母修行的地方。此亭,也称聚仙亭。

文殊台倚于天池山的西边,临壑而建,顶端平面呈半月形,左旁垒有上台石阶,沿台石叠护栏,下有石室五楹。据说文殊台是后人为了表示对文殊以其双手插石成天池的纪念,而专门立台供"文殊菩萨"像予以纪念。

又传文殊骑着青狮空临俯见此山秀丽,惊喜之余不慎跌下,臀部落地印一半月痕迹,文殊随即就地朝天拜日,后人按照印痕围砌了一石台,故也称"拜日台"。

■ 东林寺千手观音

文殊台的周围环境雅致,树木茂盛,令人产生"不登此台,不穷此胜"之慨。若是登临顶端,眼前峰峦耸立,田畴锦绣,远处青山在望,平地渺渺,仰观白云蓝天,泛媚雅然。俯视翠谷清涧,深深幽幽,富有野趣。

随着时间的流逝,庐山的美景渐渐为人们所熟悉,在东晋,庐山的美景开始出现在文人墨客的诗词创作中。

东晋时期,文学界一改过去为宣扬儒学政教而强寓训勉的面貌,开始去追求美的载体、美的源泉、美的情怀。由于这种演变,"峻伟诡特"的庐山,便成为山水诗的讴歌对象,受到文人骚客的青睐。

首先关注庐山的是山水诗的先驱人物谢灵运。他

谢灵运(385-433),东晋名将谢玄之孙,小名"客儿",世称谢客。又以袭封康乐公,称谢康公、谢康乐。著名山水诗人,主要创作活动在刘宋时代,是我国文学史上山水诗派的开创者,主要成就在于山水诗。由谢灵运始,山水诗成为了我国文学史上的一大流派。

■ 东林寺大雄宝殿

出身于东晋最显赫的士族家庭。当时，诗坛还处在"庄老击退，而山水方滋"的阶段。

寻觅山魂水魄及其雄浑深厚的底蕴，以抒发崇尚自然的文化情感，是当时文人极为困惑和迫切追求与探索的难题。谢灵运正于此时来到了庐山。

好山泽之游的谢灵运，来到庐山，登上绝顶，放眼四顾，灵感飞来，题脉了《登庐山绝顶望诸峤》一诗：

> 由行非有期，弥远不能辍。
> 但欲掩昏旦，遂复经圆缺。
> 扪壁窥龙池，攀枝瞰乳穴。
> 积峡忽复启，平途俄已绝。
> 峦垅有合沓，往来无踪辙。
> 昼夜蔽日月，冬夏共霜雪。

在诗中，谢灵运对庐山自然山水的高度敏感和刻画再造，使之成为精美的诗歌意象，自然与时节的变幻，同时也展现了他外在平静和内在的不平静融合一体的精神风貌。

正是这种既富于对自然山水的兴趣，又强烈地显露人生精神的融合，使山水诗有了灵魂，有了生命，有了活力，有了高品位的蕴含，才使其成为我国古典诗歌中最重要的流派之一。也因此，庐山成为这个诗歌流派的重要载体之一。

在东晋，著名诗人陶渊明也选择庐山作为自己的归隐之地。

陶渊明诞生于庐山脚下，他少年丧父，家境贫寒。陶渊明后虽五进仕门，却都因"有志不获聘"，官场与自己淳真的禀性不相容，自己又难以曲意奉迎。

从他的"云无意而出岫，鸟倦飞而知还"的诗句中就可以看出，陶渊明一直眷恋着庐山的奇峰异水，最终他还是离开了仕途，择庐山而隐。

陶渊明归隐处，即后来星子县白麓乡的玉京山麓磨盘岭附近。这里背依庐山，面向鄱阳湖。既可赏群峰嵯峨，又能观平湖浩渺，有良田可劳作，通舟楫之便利。

> **陶渊明**（约365或372-427），字元亮，号五柳先生，东晋诗人、文学家、辞赋家、散文家。曾做过几年小官，后辞官回家，从此隐居。田园生活是陶渊明诗的主要题材，相关作品有《饮酒》、《归园田居》、《桃花源记》、《五柳先生传》和《归去来兮辞》等。

■ 东林寺庙宇

陶渊明在此得到身心的放松。从他的诗作《归园田居五首》和《归去来兮辞》中反映出他的心情是那样潇洒，那么豪放不羁，令人尊崇！他所开创的田园诗风，影响了他以后的整个中国诗坛，庐山由此为田园诗的诞生地。

然而，陶渊明虽然写过许多关于庐山的诗，却没有一回写下"庐山"两字。他对庐山似乎十分苛刻，只是用"南山""南岳""南阜"和"西山"等代称庐山。这大概和当时人们对庐山的称呼有关。

410年，晋安郡长史殷景仁来浔阳，与陶渊明为邻。陶渊明当时居于浔阳城内，正因为他居于浔阳城内，才容易按照此城里人的习惯，称庐山为"南山"，也才会信口吟出"采菊东篱下，悠然见南山"之句。

陶渊明诗中关于庐山的其他"南岳""南阜"和"西山"的称呼大概也和南山相仿。但不管如何，在陶渊明的诗中只字未提庐山，这令后来生活在庐山的人们感到一些遗憾。

阅读链接

关于庐山的文殊台，还有一个传说。传说当时天尊、地藏王和文殊都想在庐山建寺，可是天尊和地藏来到庐山却发现文殊抢了先，已经在这里占山建寺。天尊和地藏不愿意了，吵着也要在玉屏峰建庙。

文殊说："我坐在这玉屏峰前的悬崖上，你们若能把我拉得起来，我情愿把这座仙山让与二位。"

只见天尊和地藏各挽着文殊的一只手臂往上拉，这时一位香客看见了，高声笑道："想不到，你们菩萨也这样你争我抢呀！"

三位菩萨听了，不禁脸红逃走了，当文殊还在拼命把身子往下坠时，他俩突然松手，文殊便跌坐在了悬崖上，连岩石也陷下去一个印儿，就像座椅一样。

玉屏峰前的这块悬崖，就是如今的"文殊台"，那文殊跌坐下去的岩石，就是"文殊座"。

富含传奇色彩的庐山

元朝末年,朱元璋与陈友谅在鄱阳湖一带大战,起初各有胜败。

有一次,朱元璋被陈友谅打得大败,一直逃到了庐山,眼看追兵就要赶上,忽然,在竹林深处出现了一座古庙。

朱元璋近前一看,见山门上有破旧不堪的"竹影寺"3个字,便赶紧藏进庙里。等陈友谅的兵马赶到,只见山谷中烟雾弥漫,根本不知朱元璋的去向。陈友谅搜索了半天也不见踪影,只好悻悻地走了。

■庐山落日风光

■ 庐山瀑布

朱元璋在庙里只听得外面人喊马嘶，却不见有人进庙里来，觉得非常奇怪。过了好一会儿，看见追兵往山下赶去，他才放心了，打算休息一下再走。

这时，从庙里走出一位老和尚来，手里捧着一本化缘簿向朱元璋化缘。朱元璋接过那本化缘簿一看，只见上面写着历代帝王的姓名，自汉朝开始，有刘彻捐银一万两、孙权捐银两万两、李世民捐银三万两等。

朱元璋看着，心道：真是个贪僧，我登帝位后，一定要把他杀了。但一想，这老和尚以此簿向自己化缘，分明是暗示自己也有帝王之相，心中又有几分高兴。当即向和尚要了笔，在此化缘簿上写下：朱元璋捐银四万两。随后还在墙上题了一首诗：

> 手握乾坤杀伐权，威名远震楚江西。
> 清风起处妖氛净，铁马鸣时夜月移。
> 有志驱胡安乱世，无心参司学禅机。
> 荫荫古木空留意，三笑长歌过虎溪。

老和尚看着壁上的诗，不悦地说："出家之人慈悲为本，佛寺非杀伐之地，岂可题这等诗。"当下命小和尚提一桶水来冲掉墙上的诗。

太医 指古代社会专门为帝王和宫廷官员等服务的医生。"太医"一职最早诞生于秦朝，据秦有太医令一职而推断，既有太医令一种管理职务的设置，就应该有被太医令管理的太医的存在，但因缺乏可靠的资料证实，尚难确认秦时就有太医一职的设置。

朱元璋笑着说道:"那就待我另题一首吧!"于是,他挥笔又写了一首,诗道:

> 庐山竹影几千秋,云锁高峰水自流。
> 万里长江飘玉带,一轮明月滚全球。
> 眼观湖北三千界,势压江南十二州。
> 庐山美景观不尽,天缘有份再来游。

和尚看了高兴点头说:"这首诗倒使得。"

朱元璋在庙里歇了半日。料知陈友谅的兵马早已下山去了,就绕道回了军营。

后来,朱元璋建立了大明政权。相传朱元璋称帝后,突患热病濒于死亡,宫内太医束手无策。忽报庐山仙人洞的赤脚僧持天眼尊者和周颠仙人赠送温良药至,朱元璋服后,立即病愈,朱元璋龙心大悦,让使者到庐山寻找仙人。

当使者来到仙人洞小道上寻找时,不见寺庙,只见苍岩巨石上刻的"竹隐寺"三字。使者称奇,回京城复命。朱元璋便下旨在刻处旁建"访仙亭"。

亭侧小道也因此称为"仙路"。过"访仙亭"沿"仙路"前行,便到"新访仙亭"。

据说明代药物学家李时珍,为完成药典巨著《本草纲目》,也曾来到

李时珍(1518—1593),字东璧,时人谓之李东璧。号濒湖,晚年自号濒湖山人。我国古代伟大的医学家、药物学家,李时珍曾参考历代有关医药及其学术书籍800余种,结合自身经验和调查研究,历时27年编成《本草纲目》一书,已有几种文字的译本或节译本,另著有《濒湖脉学》。

■ 庐山溪涧瀑布

庐山采药,住在庐山的东林寺。

一天,一个右腮红肿的小和尚,忍着剧烈的牙痛喃喃念经。此时,只见老和尚取过一枝干枯的草药,让小和尚含在嘴里,顿时肿消痛止。

李时珍惊诧不已,连忙向老和尚请教。原来这种神奇的药草,是生长在锦绣谷的睡香花。为了寻找睡香花,李时珍在锦绣谷中跋涉了三天三夜,还是没有找到。

在第三天晚上,疲惫至极的李时珍倚着山崖,不知不觉间进入了梦乡。朦胧中,李时珍感到一股浓烈的香味扑鼻而来,只见两只缤纷飞舞的彩蝶绕着他轻声呼唤:"李太医,我家大姐有请。"

李时珍昂首望去,彩蝶顿时化作了两个穿着蝶裙的小女孩,将他托起,腾空飞去。只见云头危崖上,有一位绰约多姿的仙姑频频向他招手。

李时珍大为惊奇,正欲向仙姑打听睡香花的下落。仙姑回眸一笑,轻摇翠袖,化作一朵光艳夺目的睡香花。李时珍欣喜若狂,疾步

■庐山黄龙寺

■ 庐山访仙亭

上前取花，不料脚下一滑，一头栽落在万丈深涧。

冷汗淋漓的李时珍，大喊一声，从梦中惊醒，但见所依山崖岩隙间，有一丛盛开的睡香花，沐浴在月色之中，流光溢彩，楚楚动人。就这样，李时珍终于找到了睡香花，并把它载入药典，造福了很多人。

在明代，黄龙寺也在庐山一步步建成了。黄龙寺群山环抱周围竹木茂盛。周围环境层峦叠嶂，清寂雅静，谷邃森森，封闭神秘，白云深锁，盘岩添彩，山色清目，水声夹耳，灵秀绝尘，妙在"幽"字，堪称黄龙幽谷，故有"不厌山行远，还知幽可寻"之赞。

黄龙寺是明代彻空和尚所建，最初寺庙叫"鹿野禅林"。据《庐山志》记载："寺因黄龙潭而得名，潭之为龙居也。"另据考证，其实黄龙寺系佛教临济宗分支黄龙派，寺因所奉佛教派系得名。

黄龙寺还有一个有趣的传说，据说八仙中的吕洞

黄龙派 为临济宗之支派，禅宗五家七宗之一，又称黄龙宗。以慧南和尚为宗祖。慧南为临济宗第七祖楚圆之门下，于1036年住江西隆兴黄龙山，盛弘教化，遂成黄龙派。

唐寅（1470-1524），字伯虎，一字子畏，号六如居士、桃花庵主、鲁国唐生和逃禅仙吏等，据传于明宪宗成化六年（1470）庚寅年寅月寅日寅时生，故名唐寅，为人玩世不恭而又才气横溢。诗文与祝允明、文徵明、徐祯卿并称"吴中四大才子"。画与沈周、文徵明、仇英并称"吴门四家"。

宾在仙人洞修炼时，以为自拜师汉钟离所学的剑术高超，蔑视佛教。

一日，来到鹿野禅林，气势昂然，欲试黄龙禅师法力，趁其不备，飞剑斩之。结果刃不见血，对方安然无恙。吕洞宾大惊失色，面拜请罪。这就是庐山流传的"吕洞宾飞剑斩黄龙"的故事。这个故事教育人不可狂妄自大，目中无人。

随着庐山的名气越来越大，以至引来了明代的著名才子唐寅。唐寅中年脱离官场，获自由后，乘船经鄱阳湖返回故里，在途中登上了庐山。逃脱出"鸟笼"的唐寅，纵情于庐山的山水中，有所感悟，不免作诗作画。写了一首七律《登庐山》，并画了一幅《庐山图》。

■ 庐山景色

《庐山图》为全景山水画，表现的是庐山三峡桥一带的景观，画面峰岩嵯峨、古木惨淡、瀑泉湍泻，画风清刚俊逸，而意境却萧索苍冷。诗言志，画寓怀，画中的题诗令人品味：

匡庐山前三峡桥，悬流溅扑鱼龙跳。
羸骖强策不肯度，古木惨淡风萧萧。

在明代，山水画有一个突出特征，即画派林立。明代中期，以苏州为中心，崛起了一个在野文人画派吴门派，并成为明代中后期画坛主流。

吴门画以沈周、文徵明、唐寅、仇英为代表，合称"明四家"。

> **文徵明**（1470-1559），原名壁，字徵明，号衡山居士，世称"文衡山"，明代画家、书法家、文学家，曾官翰林院待诏。在诗文上，与祝允明、唐寅、徐真卿并称"吴中四才子"。在画史上与沈周、唐寅、仇英合称"吴门四家"。

庐山奇石

沈周是一位优秀的文人画家,而唐寅却是一位落魄的士人画家,虽然都是以庐山作为审美载体,却表现出不同的意味。

沈周的《庐山高图》是沈周为老师祝寿而作。此图为浅设色山水,图中层峦叠嶂,气势奇伟,飞瀑之下有一老叟伫立静观。画面布局疏朗,厚重凝练,宾主和谐团聚,浑然一体。

在画中,人们可以看到,庐山在沈周的心目中,是那样的奇崛,那样的巍峨,那样的高洁!

阅读链接

关于朱元璋避难在庐山竹隐寺还有一个故事。传说,朱元璋在打败陈友谅建立了明朝,当上了皇帝。一日,他想到那次在竹影寺避难的事,便亲自书写了"竹影寺"三个大字,做成一块金匾派人送往庐山。

送匾的官员来到庐山,找遍了全山的竹林也没找到竹影寺,他怕回去不好复命,便将匾额丢在一片竹林边的荆棘丛中。

待他走下山回头一看,那竹林中却出现了一座金碧辉煌的庙宇,那块御赐的金匾已端端正正地挂在庙门上了。

海上名山 浙江雁荡山

雁荡山位于浙江温州东北部海滨,是我国十大名山之一。雁荡山是由火山爆发造就的雄奇壮丽的景观,使之成为世界上独一无二的集山水美学和历史文化于一体的华夏名山。

雁荡山因"山顶有湖,芦苇丛生,秋雁宿之"而得名。山水奇秀,天开图画,以峰、瀑、洞、嶂见长。

雁荡山始开发于南北朝,兴于唐,盛于宋,素有"寰中绝胜""海上名山"之誉,史称"东南第一山"。

纪念芙蓉姑娘的雁荡山

雁荡山又名雁岩、雁山,以山水奇秀闻名,位于浙江温州乐清东北部,背依莽莽的括苍山,面对浩瀚的乐清湾,在雁荡山下有村庄名叫芙蓉村。

传说,很久以前芙蓉村和雁荡山都没有名字,大家只晓得东海边有座高出白云的大山,山顶上有个蓝色的平湖,大风一吹,满湖水就

雁荡山山峦奇峰

悠悠地拍打着天空。日子长了，天空也被湖水染成蓝汪汪的了。

平湖边有间小屋，屋里住着个漂亮的芙蓉姑娘。姑娘待人好，哪个人有困难，她总是帮忙解决，远近的人都称赞她是一个热心善良的好姑娘。

芙蓉姑娘很勤快，空闲时，在平湖里种上一片芙蓉花，有红的、紫的、白的，还喂着一大群嘎嘎叫的雁鹅。

这一年夏天，芙蓉姑娘坐在平湖边的太湖石上，正对着蓝汪汪的湖水梳头，突然一条癞头蛟大摇大摆地游过来，摇着脑袋说："好标致的姑娘啊，我叫东海蛟，家住在东海，东海属我管，金子银子用不完，你嫁给我，会永远快乐的。"

芙蓉姑娘没理他，转身就进了小屋，癞头蛟讨了个没趣儿，便走了。有一日，芙蓉姑娘盘坐在木桶里，手划湖水，在荷花丛中穿来穿去，忙着摘莲子。

突然来了个油头粉面的花花公子，站在平湖岸边，操着破锣似的喉咙，"姑娘！姑娘！"叫个不停。芙蓉姑娘讨厌死了，顺手抓起一个大莲蓬砸过去，砸到那个花花公子的头顶上，他摸摸鼻子，灰着脸走了。

又有一日，芙蓉姑娘坐在湖边洗衣裳，有人在她背后一推，她被推进平湖里，立刻昏天黑地就什么也不知道了。

■ 雁荡山山峰

蛟 神话传说中的一种灵兽，属于龙的一种变异，比龙残暴和凶狠。龙一般为善，能降雨。蛟一般为恶，能发洪水。在道教传说中，蛟一般作为恶兽出现。

雁荡山飞瀑

等到她醒过来睁眼一看,有个戴凉帽的人,嬉皮笑脸对她讲:"好标致的姑娘啊,我正在山上砍柴,见你跌落湖里,连忙跑来把你救起来。"

芙蓉姑娘相信了,赶紧说:"谢谢你,请你到我的小屋里来坐坐吧!"

话还未讲停当,平湖里的雁鹅嘎嘎叫了,飞过来啄落那人头上的小凉帽。一看,原来是癞头蛟。芙蓉姑娘吃了一惊,骑上一只雁鹅飞进了平湖。

癞头蛟又急又恼,张牙舞爪冲进平湖,紧紧追赶芙蓉姑娘。平湖里波浪滚滚,雾气腾腾,芙蓉花和叶子"呼里哗啦"拢作一团,缠住了癞头蛟不放。

癞头蛟受不住,拼命挣扎,没想到撞在一座山峰上。山岩"轰隆"一声塌下来,压住它,它只露出一张嘴巴,直至今日还"哇哇哇"吐着瀑布水。

那些芙蓉花和叶子也落下来,都化作又香又软的泥,遮住了平湖水,平湖水没有了,上面长着一丛丛芦苇叶。

那位芙蓉姑娘,趁着癞头蛟挣扎的时节,用力一甩,骑着雁鹅向北飞去了,只是每年夏天,才回来一次。

第二年夏天,花叶泥中抽出了一朵鲜艳的大芙蓉花,立在山顶上,人们老远就能看见它,有人说这就是芙蓉姑娘,所以大家就叫它芙蓉峰。

住在峰下的人家把自己的村叫芙蓉村,那平湖地方,改名为雁湖,这座山就叫雁山。村取花的名,山取鸟的名,并在一起就叫"花村鸟山"。

雁荡山自古以来就以奇峰、怪石、飞瀑、幽洞、深谷闻名于世，历史上不少名人曾到此游览。北宋著名科学家沈括称这里为"天下奇秀"，近世康有为称"雁荡山水雄伟奇特，甲于全球"。

雁荡山绵延数百公里，按地理位置不同可分为北雁荡山、南雁荡山、中雁荡山、西雁荡山、东雁荡山，每一处都是景色宜人，风光独特。

北雁荡山规模最大、景点最多、最为出名。北雁荡山位于乐清境内东北部，万山重叠、群峰争雄、悬嶂蔽日、飞瀑凌空。北雁荡山以峰、洞、瀑、嶂称胜，有102峰、64岩、46洞、26石、14嶂、18瀑、28潭、13坑、13岭、十泉二水、八门四阙、七溪一涧、二桥二湖之说。

北雁荡山东起湖雾羊角洞，西至芙蓉白石岩。南起筋竹涧，北至仙姑洞。关于羊角洞还有一个有趣的传说呢！

从前，雁荡山有个叫阿宝的后生，熟人见到他，

沈括（1031-1095），字存中，号梦溪丈人，北宋科学家、改革家。是一位非常博通多才、成就显著的科学家，我国历史上最卓越的科学家之一。精通天文、数学、物理学、化学、地质学、气象学、地理学、农学和医学。他还是卓越的工程师、出色的外交家。晚年以平生见闻，在镇江梦溪园撰写了笔记体巨著《梦溪笔谈》。

■ 雁荡山森林

总学他口吃的样子:"阿宝,现在牵羊顺、顺当乎?"阿宝也不生气,只是咧开嘴笑笑。

到了阿宝十三四岁时,家里弄了只大白羊。每日天未亮时,阿宝就牵着羊到半里外的坟坛去放。这片坟坛很冷清,阿宝经常听人讲,这里每到黄昏时,鬼呼呼声地叫,鬼火飞来晃去,煞是吓人!但阿宝有个倔强的脾气,就是自己没有亲眼看见就是不相信,所以一直来这里放羊,想要见识一下。

一日下午,他又把羊牵到坟坛,拴在一棵树桩上,自己同小伙伴小锤去池塘玩水。两人正玩得痛快,突然乌云滚滚、电闪雷鸣,眼看天就要下雨了。

阿宝三步一跳,一口气跑回坟坛,只见羊跺着脚"咩咩"直叫。他赶紧去解羊绳。忽然"轰隆"一声,一个响雷炸得坟坛发抖,紧接着,豆大的雨从天上落下,直落得坟坛四周冒起一层白烟,风刮着树,发出"喔喔"的叫声。

这时的阿宝被吓呆了,他以为鬼真的赶来了,不管三七二十一,抓住羊绳用力一拽,就往家里跑。过了一会儿,雨停了。

小锤也独自往回走。他路过阿宝家时,见阿宝站在羊圈边,一手捏着羊绳,一手打开圈门,嘴里念着:"进去!进去!"

雁荡山众峰竞秀

小锤忍不住笑出声来。阿宝听见笑声，回头一看，自己手里拉着的竟是一条羊绳！阿宝"啊"的一声，结结巴巴地讲："怪、怪不得，这么顺当！"

原来，阿宝慌里慌张解羊绳时，用力过猛，把羊绳给扯断了，羊还留在山上哩！

就这样一人传十十传百，阿宝牵羊的笑话，很快传遍了整个雁荡山。

于是"阿宝牵羊——顺当得很"这句话，也便成了这一带老百姓乐于引用的歇后语了。

雁荡山层峦叠嶂

阿宝的羊在山上到处乱跑，它跑呀，跑呀，一直跑到了方岩顶，不小心一只角撞在岩壁上，岩壁被撞了个羊角状的大窟窿，从那以后，老百姓就把这窟窿叫作"羊角洞"了。

阅读链接

关于雁荡山名字的由来，还有一个传说。以前在山下住着一位很穷很穷的少年，名叫阿嘎。阿嘎虽然很穷，但勤劳朴实，有一副好心肠。

有一天阿嘎看见每天去寻找水源的大雁飞得很辛苦，觉得很难过，下决心要在山顶上挖个湖让大雁们喝水、洗澡。阿嘎挖呀挖，终于挖出来了一处泉水，汇成了一片大湖，大雁们开心极了。

后来有一条恶龙要霸占这片湖水，阿嘎为了保护湖水和大雁与恶龙同归于尽了。后来人们为了纪念阿嘎，就把这个山取名为雁荡山了。

神仙留恋的北部美景

北雁荡山不仅自然景色奇秀,而且有着丰富浓厚的历史文化内涵。北雁荡山不仅有著名的佛寺,也有著名的道观,关于佛、仙的传说甚多。

千百年来,许多文士名流,都在北雁荡山游览和考察,并留下了许多不朽的名篇佳作,山中的摩崖碑刻多达300余处,大为名山生色。

雁荡山景色

灵峰是北雁荡山的东大门。从东而来一抬头就能看到蒲溪西边那叫作"接客僧"的巨岩,接客僧是雁荡山中形象最为逼真生动,同时也最具象征意味的肖像拟人景点,它又名石佛岩、老僧岩。

只见老僧秃顶披袈,朝东南方,拱手做迎客状。人世沧桑,岁月更

■ 雁荡山灵峰

迭，唯有入山口上的接客僧，千万年来始终以永恒的宽容挥动着宽阔的袍袖，日夜迎接着四方的宾客。

灵峰四周诸多青峰苍崖迂回盘旋，绕出一方如梦如幻的胜景。灵峰的峰崖又最会作态，"移步换景"，尤其在月夜，真真幻幻的山景会令人生出许多遐思。

灵岩被视为雁荡山的"明庭"。后来的元代文学家李孝光赞道：

峭刻瑰丽，莫若灵峰；
雄壮浑庞，莫若灵岩。

以灵岩为中心，后有灿若云锦的屏霞嶂，左右天柱、展旗二崖对峙，壁立千仞。因"浑庞"而生肃穆，人处其中，顿觉万虑俱息。灵岩使人心境沉静，"灵岩飞渡"的杂技表演又令人惊心动魄。

李孝光（1285-1350），元代文学家。字季和，少年时博学，以文章负名当世。他作文取法古人，不趋时尚。与杨维桢并称"杨李"，早年隐居在雁荡五峰山下，四方之士，远来受学，名誉日广。1347年应召为秘书监著作郎，1348年擢升秘书监丞。

雁荡山灵岩

在灵峰还可以看到一个奇特景观,就是"犀牛望月"。"犀牛望月"位于凌霞峰旁的高岗上,昂首东向。当皓月东升时,那犀牛伸着脖子,遥望月亮,故称"犀牛望月"。

关于这头牛,还有一个感人的传说呢!

相传很早以前,雁荡山下有个姑娘叫玉贞,她父母早亡,6岁时就给花老财当牧童。每日天刚亮,玉贞牵牛上山。夜里月亮升得老高时,她才牵牛回来。

花老财待她刻薄,在牛棚角落搁块木板,让她跟牛一起睡觉。她有话对牛讲,有苦对牛诉,有泪对牛流。牛呢,伸伸舌头,舔舔她的手,好像在安慰她说:"别难过!"

六月天,牛棚里蚊虫嗡嗡叫,牛甩甩尾巴为她赶蚊虫。十二月,北风呼呼雪花飘进屋,牛用身体为她挡风寒。

一日日,一年年,玉贞与牛互相依靠着生活。玉贞出落得像朵芙蓉花,眉毛又细又长,脸色白里透红。方圆几十里的山民都讲她是仙姑下凡。花老财是个贪色鬼。他见玉贞长得这么漂亮,起了邪心。奸刁的管家向花老财献计,花老财连讲:"妙!妙!"

夜里，管家扶着花老财到了破牛棚，见玉贞躺在木板上睡觉，牛在一边为她赶蚊虫。两人齐动手，避开牛尾巴，捆了玉贞的手脚。管家在门外望风。花老财色眼血红，正要朝姑娘扑去，不料铁鞭样的牛尾巴朝花老财脸上打来了。

花老财忍住痛，还欲图谋不轨，牛耸起两只锋利的角，戳中了他的眼睛，鲜血直流，花老财哇哇喊叫。

打手们跑到破牛房，见牛发了疯似的护着玉贞姑娘，他们都不敢进去。等了半个多时辰，有两个打手壮壮胆，迈进了一只脚，牛愤怒地冲上去，用角把他们戳出老远。管家气得叫人点火烧牛棚。花老财才逃出牛棚，被人扶到堂屋。

老牛乘机咬断了玉贞姑娘的绳索，跪下讲："快，快骑到我背上去！"

玉贞姑娘上了牛背。老牛撒开四蹄，耸起双角，睁大眼跑了出去。老牛朝凌霞山顶跑，打手们叫喊着

犀牛望月 源于我国的易学和内丹学说。"牛"是易学的"坤"卦的另一种表述，指大地，对应人的身体。因为国学的精要很难用理论表达，所以往往借助神话阐述。于是，犀牛成为神话传说中的灵兽。孙悟空在花果山时的结拜大哥牛魔王就是犀牛。这些神话传说，其实都源于国学天人一体，相应相通的观念。国学认为，人体正是天地宇宙的缩影。

■ 雁荡山奇峰秀色

围上来了。跑呀跑，跑到山冈上，没地方好跑了，老牛跪了下来，叫玉贞姑娘站在一只牛角上。

等姑娘站好，老牛把角朝空一转，对着她猛吹一口气，玉贞姑娘就乘着牛角飞上天去了。

打手们冲上来时，老牛变成了独角的石牛。玉贞姑娘呢，飞呀飞，一直飞到了月宫里。月夜，玉贞姑娘走出云屋，洒下银光，看望心爱的老牛。牛呢，也仰着头，在想念女主人玉贞姑娘哩！

大龙湫位于雁荡山中部偏西，以奇峰、巨嶂、飞瀑取胜。高耸天际的芙蓉峰，变幻无穷的剪刀峰，雄伟如屏的连云峰，云雨漠漠的经行峡，谷幽潭深的筋竹涧，皆为胜境。秀丽多姿的砩头溪和松坡溪两相映衬，形成无限风光。

著名的天下第一门显胜门，也在北雁荡山。显胜门是由两面崖壁对峙而形成的"石门"，又称"仙胜门"。此门高达200米左右，两门相隔仅10余米，素有"天下第一门"之称，为雁荡山门之冠。

显胜门两壁陡立，直上云霄，气势雄伟磅礴。门内绝壁四合，森然环侍。脚下涧水铮铮，境极幽邃。抬头仰望，顶壁复合，仅留一

雁荡山民居

■ 雁荡山风光

线,"非亭午夜分,不见曦月"。关于这个显圣门,还有一个传说呢!

听说每年桃梅杏李成熟时节,玉皇大帝总要派仙人下凡,采集百果,在瑶台举行一次盛会。这一年,铁拐李奉旨采了一担果品,正准备返回天宫时,被眼前一瓣瓣奇特的莲花瓣迷住了。

这哪里是什么莲花瓣?是一座座奇形的山峰!哗哗响的瀑布,比仙宫音乐还好听得多哩!铁拐李放下果担,用手指往前面一戳,只见擎天的岩壁"轰"的一声往两边移动,裂出一扇石门来。门里周围都是峭壁,弯弯曲曲向里伸。一条白练从山顶挂了下来。

石平台上,山乐官鸟正在演奏,雉鸡、丹顶鹤在一边跳舞。铁拐李双脚一蹬,腾空进了石门,去游览胜境了。韩湘子是天宫乐师,他的玉箫一吹,各路神仙就会围拢来听。哪晓得他一连几天奔走,吹箫把嘴唇都吹破了,还是不见铁拐李的影子。眼看瑶台盛会就要开始了,玉皇大帝见铁拐李还没回来,只好派韩

韩湘子 字清夫,是民间故事的"八仙"之一,拜吕洞宾为师学道。道教音乐《天花引》,相传为韩湘子所作。传说,韩湘子原为唐朝韩愈的侄孙子,生性放荡不羁,不好读书,只好饮酒,世传其学道成仙。

雁荡山崖壁

湘子去找。

韩湘子从西到东，从南到北，东探西找。有一日，他找到东海边上，也被眼前的一瓣瓣莲花迷住了！这是一座人间少有的仙山哪！仔细一看，那山顶上还放着一担果品，旁边插着一条仙杖，山腰间有一只很大的仙人脚印。不用说，铁拐李一定在这里了。韩湘子自言自语："好个铁拐李，在这里留恋风光，误了瑶台盛会，看你怎样向玉皇大帝交代？"

韩湘子顺着铁拐李的脚印，也遁入石门去。谁晓得他这一去，也没了踪迹。天亮时，人们看见那一担果品早已化作了岩石，那仙杖呢，也变成了仙杖峰，那裂开的石门，大家就叫它显胜门。听说，在月光夜，显胜门里就会传出阵阵仙乐来！

阅读链接

灵岩飞渡是雁荡山的灵岩所流传下来的一种杂技，据了解，最早起源于农民上山采草药，后来演化成现在的高空飞渡表演。

在天柱峰和展旗峰之间悬挂着一根钢索，高达200米，宽亦200多米，可谓世界罕见。表演人员除了横空表演外，还在270多米高的天柱峰顶用缆绳悬空而下表演。人在绳子上表演翻跟斗、飞翔等动作，堪称一绝。

看着高空舞台上，表演人员突然来个猴子捞月，又来个悬空跟斗，底下的观众也会跟着揪心，另外飞渡人员与游客之间增加了一个互动项目，飞渡人员在270米的高空抛下绣球，如果哪位游客接到绣球，可以亲身体验飞渡的感觉。

宗教和山水交融的南雁

南雁荡山境内峰峦蟠迴,溪壑交错,岩洞密布,怒瀑飞奔。自然景观以山得势,因水成景,山因水活,水随山转、山光水色、相映成趣为主要特色。

南雁荡山的山岳由浙闽边界的洞宫山山脉延伸而来,多在海拔500米以上,迂折蟠回。北部以明王峰为主峰。明王峰俗称大尖,海拔1077米。

在山中,九溪汇流,中贯溪滩,山水相映。分东西洞、顺溪、东屿、畴溪和石城几部分。其中东西洞是整个南雁荡山的核心。

通往东西洞首先要经过碧溪潭,潭深莫测、碧波粼粼。

雁荡山依天峰

对联 又称楹联或对子，是写在纸、布上或刻在竹子、木头、柱子上的对偶语，其对仗工整，平仄协调，是一字一音的中文语言独特的艺术形式。相传起于五代后蜀主孟昶，是中华民族的文化瑰宝。

渡过碧溪潭，行数十步就到四角的爱山亭，亭子纯系石柱石梁石屋顶构成，风格古朴。亭前有对联：

开天窗说凉话；
有大石当中流。

对联中指的是此处的两个奇景。一是石天窗。石天窗隔溪与石亭对望，它原是一块峙立溪边山上的大悬岩，中间有一方洞通透，仿佛是架在半天的窗口。

另一处就是以往溪流中有块巨石，像跃起的癞蛤蟆，如北雁显胜门的"中流砥柱"。

后来宋人项桂发赋诗道：

深游南雁见名山；
石洞天窗夜不关。

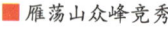
■ 雁荡山众峰竞秀

■ 雁荡山雨后灵峰

从爱山亭南行，举头可看到一处孤峰矗立，全峰由三块巨石构成，呈"品"字形。走上几十级石阶，大有泰山压顶之势，这就是南雁众多奇峰怪石中出类拔萃的锦屏峰，又名"石屏风"，人们称它为"石门楼"。

此峰高33米，宽50米，厚约4米。主峰下一洞门，高4米，宽6米，门楣上有"东南屏障"四字的摩崖石刻。穿过洞门往南看，有两岩相连，一如蛇头，一如龟，称为"龟蛇会"。

又有两巨石，一似狮，一如虎，为"狮虎斗"。从山岭上看此峰，宛如头戴方帽的"知客僧"，正向人们垂袖恭迎，与北雁的"接客僧"竞献殷勤。

从东南屏障往南行，山下有个小洲呈卧鱼形，这就是跃鲤滩，又名石鲤，再往前则是云关。

云关是由两座悬岩夹峙而成，顶端有大石梁覆盖，形成天门，洞门高30多米，宽4米，其下形成比东南屏障更为高深的拱门。

石壁上两行题句最为贴切："云锁天窗隐，关开

项桂发（1202-1272），字岩叟，幼名灯，号若光。1241年南宋文取科第，1244年甲辰科武举第一名。任知雷州、循州。1261年任御营统兵护驾防御使，带御器械节制、皇城司兼管辖，内侍省提督，亲卫军务事，进升中亮大夫。

■ 雁荡山美景

洪迈（1123-1202），字景卢，号容斋，洪皓幼子。南宋著名文学家。洪迈出生于一个士大夫家庭。洪迈学识渊博，著书极多，文集《野处类稿》、志怪笔记小说《夷坚志》，编纂的《万首唐人绝句》、笔记《容斋随笔》等，都是流传至今的名作。

月瞴明。"如遇山雨欲来，狂风满谷，云雾穿过关口，如海涛汹涌，更是奇观。云关前左右两边，天将峰与蟾蜍峰对峙，顶上又有望海狮、仰天狮、玉仙峰和纯阳峰。

在西洞前殿凭栏遥望，观音洞顶偏左处，有一岩形似笔架，就是笔架峰。向右，两侧小山头间有块巨石，连起来看，恰似一只俯卧的大蝙蝠，称为蝙蝠峰。峰下有栖息过蝙蝠的蝙蝠洞。

蝙蝠峰正下方，有少女殉情化身的玉女峰。往下看，还有美人岩，又称美女梳妆峰。但又像老公公背着老婆婆，叫作"公负婆"。"公负婆"右边，有瞪眼蹲着的蟾蜍岩。

在碧溪畔，有"五色杜鹃"和"四季杜鹃"。盛开时，绚丽烂漫，很有特色。后来南宋著名文学家洪迈在《夷坚志》中记载：

> 王伯顺为温州平阳尉，尝以九月诣树视旱田，道间，见有杜鹃花一本，甚高，开花……色如渥丹。讶其非时，以询土氓，皆云："此种只出山谷，一年四季开花，春秋为盛。"池圣夫诗云："花笑群峰景，鸟啼千壑春，满林声色好，何时亦愁人。"

出东洞沿溪南行，沿蜿蜒的山径，进入峡谷，这便是晴虹洞。据地方志《南雁荡山志》记载：

> 晴日初过，洞水映射，彩色炫目，望之如长虹。

朱元升 字日华，号水檐。登右科，官至建宁松溪政和县巡检。《宋元学案·张祝诸儒学案》中列"邵学之余"，有其学案，并视为邵氏之学传人。其著作有《三易备遗》，1272年由两浙提刑家铉翁表进之于朝。另有《邵易略例》。

■ 雁荡山悬崖栈道

晴虹洞为"南雁八景"之一，洞边有路叫采药径。传说曾有仙姑在此采觅草药，尝过百草，为穷人治病。后来南宋建宁松溪政和县巡检朱元升诗道：

黄芝与钩吻，貌同性相反。
寄语径中人，采时高着眼。

黄芝就是道家用来求长生的名药，而钩吻却是有毒的野生植物，俗名断肠草。根、茎、叶皆有剧毒，与黄芝貌同而质异，因而告诫世人不要因假象而上当受骗。

出西洞，经幽深之九曲岭，下来便是鸣玉亭。亭前矴步边溪岩上，镌有"锦水流丹"四字隶书。一侧有一块10多平方米的大磐石，高出水面5米，近水处刻有"钓矶"两字。

钓矶下有照胆潭，潭水深碧，宛如传说中的古镜。右侧临流有石洞，溪水回旋，深不可测。南行数十步，可看到隔溪有10米高的孤峰，似趺坐的观世音菩萨，下看如一朵盛开的千叶莲花。

雁荡山山峰

雁荡山奇峰秀色

再前行片刻,回头一看,观世音菩萨竟变成老态龙钟的老道士,头梳圆髻,正笼着双袖默坐,面对八卦炉在炼丹。其西南面10来米的半山腰,有岩长3米许,像只缓慢爬行的大海龟。即所谓"上山龟"。山背是块像猴子的怪石,前面那块比猴头大数倍像桃子的圆石,酷似一幅"猴献果"的画面。

有人道"北雁好峰,南雁好洞",所谓好洞,仅以东西洞而言。雁荡山儒、释和道三教荟萃,文物胜迹众多,民俗风情独特。

据史料记载,人文景观仅就古建筑而言,就有13古刹、18庵、12院、3亭、8堂等。儒、释、道三教遗址四布,历代摩崖石刻碑记林立。

就自然景观而言,溪滩、幽洞、奇峰、石堑、银瀑和景岩,可称为"南雁六胜"。

就人文景观而言,这里的儒教、佛教、道教汇集,可称为"三教荟萃"。因此,"三教九溪"是南雁荡山特色的主要概括。

到西雁荡山,就会被迎宾瀑的美景折服。这里一派峡谷飞瀑风光,九龙瀑三折瀑布连成一幅百余米高的水幕,势如九龙喷水,十分

雁荡山荡山

罕见。鳄鱼潭嵌在石壁之中,水清见底。珠岩直径为23米,人称"天下第一珠"。摇摆岩一推则动,雷响岩一动则响,漆树、桂花、枫树等七种古树七形七色同寄一树。

中雁荡山史称"东南第一山",走进即见峰峦陡峭、洞谷深邃、峰奇石怪、溪碧泉清。白石湖、龙山湖、钟前湖合称"三湖",高峡平湖,峰峦倒影,为中雁荡特殊景观。

阅读链接

蝙蝠峰右下方,有一峰如美髯公凝神展卷默读,俗名"关公看兵书"。

左边有三台峰。三台原是大熊星座的星名。故宋代朱耀作诗道:"即此是台星,三峰入眼明。若非天上贵,宁显世间名。万国皆瞻仰,千岩自送迎,泰阶何日正?草木亦光荣。"

这三台,是指三台峰的上台、中台、下台。在关公看兵书的不远处,还有一石猴神情专注望着山下那座古老的水碓,人们称它为"猴子看水碓"。